CAMPING FÜR ANFÄNGER

Das große Outdoor Buch -
Unterwegs zuhause im Wohnmobil
- Schritt für Schritt zum
Camping Experten

inkl. genialer Camping Hacks

Patrick Lehmann

Softcover: 978-3-96967-080-4

Redaktion: Finn Alexander Dubbels
Lektorat: Matthias Kramer
Druck/Auslieferung: WirmachenDruck
Cover: Oliviaprodesign - Fiverr.com

Impressum:

Eulogia Verlags GmbH
Nagelsweg 22a
20097 Hamburg
Deutschland

Wir wünschen viel Vergnügen beim Lesen!

CAMPING FÜR ANFÄNGER

INHALTSVERZEICHNIS

Camping – Urlaub mit Suchtpotential

Nach wochenlanger Arbeit am Schreibtisch, in der Werkstatt oder auch daheim steht endlich der Urlaub an! Zwei Wochen pure Freizeit, dank derer wir es aus unserem Alltagstrott herausschaffen und endlich abschalten können. Während es für die einen gar nicht weit genug weggehen kann und der Flieger sowie das All-Inclusive-Hotel schon Monate im Voraus gebucht sind, freuen sich wieder die anderen darauf, das Wohnmobil vorzubereiten, das Dachzelt auf dem Auto zu montieren oder den Camper mit allen wichtigen Dingen zu befüllen.

Camping ist eine Lebenseinstellung und macht – wie viele Camping-Urlauber bestätigen können – süchtig! Die Gründe hierfür sind vielfältig, jedoch bestechen insbesondere die Freiheit und Flexibilität. Wer campt, muss nicht in der Schlange am Buffet anstehen oder pünktlich zum Check-Out erscheinen. Camping-Urlauber müssen sich keine Sorgen um Flugausfälle oder -verspätungen machen und ärgern sich auch nicht über überfüllte Hotelstrände oder Pools. Wer mit seinem eigenen Bett unterwegs ist, sei es eine Isomatte, Luftmatratze, Hängematte oder sogar ein klassisches Bett, muss sich darüber hinaus keine Gedanken um Bettmilben oder böse Überraschungen im Hotelzimmer machen. Wer campt, läuft außerdem wenig Gefahr, in einem langweiligen Hotelzimmer festzusitzen, wenn das Wetter den Urlaub über schlecht ist – er oder sie setzt sich einfach in sein Camping-Mobil, seinen Van oder sein Auto und fährt der Sonne hinterher.

Beim Camping handelt es sich um eine Art Tourismus, welcher seit Beginn des 20. Jahrhunderts an Beliebtheit gewann und heute immer mehr Menschen für sich begeistert. Die unkomplizierte und freie Art des Reisens ist nicht nur familienfreundlich und kostengünstiger als viele andere Arten des Urlaubs, sie ist auch überaus flexibel und naturverbunden, denn wo sonst können wir so gut entspannen wie im grünen Wald, am ruhigen See, in den Bergen oder am Sandstrand? Dieser Ratgeber nimmt dich mit hinein in die Welt des Campings und erklärt dir ganz genau, was diese Urlaubsform so besonders macht, wieso sie so beliebt ist und wie auch du in Zukunft begeisterter Camping-Urlauber bzw. begeisterte Camping-Urlauberin werden kannst. Lerne über die verschiedenen Camping-Arten, über die Regeln und Richtlinien des Campings und erfahre hilfreiche Tipps und Tricks, mit denen selbst dein erster Camping-Urlaub ein wahrer Erfolg wird und dir die Auszeit und Entspannung bietet, die du so dringend benötigst. Dass Camping langweilig oder spießig sein soll, ist übrigens ein großer Trugschluss, denn der Urlaub ohne Hotel oder Mietwohnung ist so vielfältig, wie es Reisedestinationen gibt, die mit dem Wohnmobil erreichbar sind – und das sind deutlich mehr, als viele vielleicht denken würden! Finde heraus, welcher Camping-Typ du bist und ob dir der Ultra-Leicht-Schlafsack unter dem Sternenhimmel genügt oder ob es doch eher in Richtung „Glamping", also dem glamourösen Camping-Erlebnis, gehen soll, und lasse dich von den vielen Informationen sowie Tipps und Tricks aus diesem Ratgeber dazu inspirieren, deinen ganz persönlichen, perfekten Urlaub zu planen – frei, flexibel und genau nach deinen Wünschen!

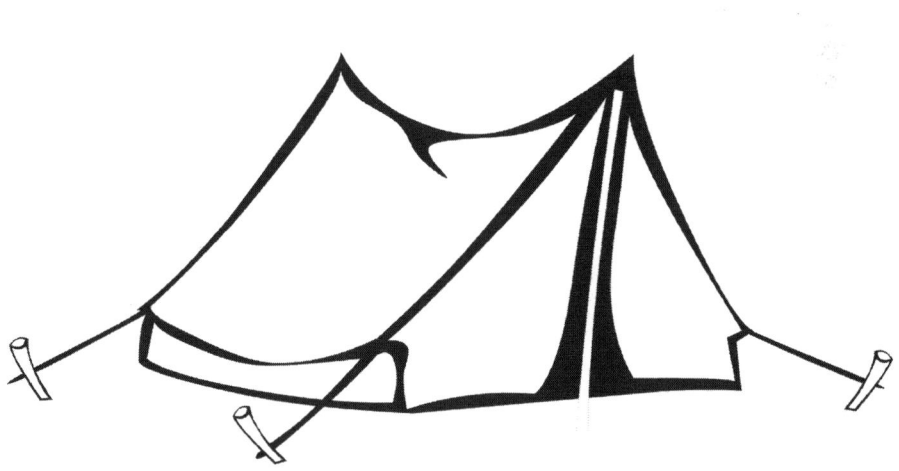

Camping – eine Lebenseinstellung

Wer in seiner Kindheit schon einmal das Zelt im Garten aufgeschlagen und in der Nähe der heimischen Sicherheit eine besonders spannende Nacht im Freien verbracht hat, der kann bestimmt nachvollziehen, wieso so viele Menschen inzwischen begeisterte Camping-Urlauber sind. Das Zirpen der Grillen oder das Quaken der Frösche aus dem Teich in der Nachbarschaft zu hören und dabei mitten in der Natur zu liegen – sei es nur neben der Schaukel im Garten der Doppelhaushälfte –, bringt ein ganz besonderes Gefühl der Freiheit mit sich.

Das Camping galt lange Zeit als Urlaub für Geizige oder Spießer. Der Gedanke war, dass es doch nicht entspannend sein kann, seine Auszeit in einem stickigen Zelt zu verbringen, umringt von Insekten, Krabbeltieren und anderen Camping-Urlaubern, und man bedenke nur einmal die Gemeinschaftsbäder! Tatsächlich ist das Camping aber weitaus mehr als das bloße Zelten und kann deutlich glamouröser gestaltet werden als viele Gegner – und auch Interessierte – zunächst annehmen würden. Nachfolgend werden dir die größten Vorteile des Urlaubes mit dem Zelt, dem Camping-Mobil oder dem Wohnwagen aufgezählt. Überzeuge dich also selbst davon, dass jeder noch so kleine Nachteil des Camping-Urlaubs mit mindestens zwei Vorteilen wieder aufgewogen werden kann!

Vorteil Nummer eins: die Freiheit

Wer campt, der profitiert von einer enormen Flexibilität und erhält somit ein Gefühl der Freiheit. So ist es dir als Camping-Urlauber einerseits möglich, ganz spontan über das Wochenende ins Grüne zu fahren, ohne aufwändig planen zu müssen. Andererseits lässt sich die Freiheit auch innerhalb längerer Camping-Trips wiederfinden, denn du bist nicht an bestimmte Locations oder Zeiten gebunden. Das Einchecken vor 12 Uhr fällt somit weg. Und sollte die Wettervorausssage für die nächsten Tage eher mies für die Destination sein, die du dir ausgesucht hast, ziehst du ganz einfach weiter – der Sonne hinterher. Selbstverständlich benötigt auch ein Camping-Trip eine gewisse Planung und Organisation (hierzu wird dir auf den nachfolgenden Seiten natürlich alles ganz genau erklärt), jedoch lässt sich der Urlaub mit Wohnmobil, Van und Co. deutlich leichter und flexibler gestalten als Flüge oder lange Autoreisen zu Hotels und Ferienwohnungen.

Vorteil Nummer zwei: Der Weg ist das Ziel

Erinnerst du dich noch an die letzte Reise mit dem Flugzeug, die du unternommen hast? Und kannst du dich an den Stress erinnern, den du dir deswegen vielleicht gemacht hast? Wer in den Urlaub fliegt, kann natürlich besonders außergewöhnliche Orte entdecken und das tropische Klima genießen, das wir nicht unbedingt in unserer direkten Nähe finden. Wer mit dem Flugzeug – oder auch mit dem Auto, dem Zug oder mittels anderer Verkehrsmittel – reist, muss jedoch auch einiges entbehren, denn allein der Preis für den Hin- und Rückflug ist nicht für jedermann erschwinglich. Dazu kommt oft eine frühzeitige Anreise, die geplagt ist von Gedanken wie: „Komme ich auch pünktlich an?", „Habe ich noch Flüssigkeiten in meinem Handgepäck?" oder „Hoffentlich riecht mein Sitznachbar gut!" Wer hingegen campt, hat all diese Entbehrungen nicht, sondern macht einfach den Weg zum Ziel. Somit ist es kein Problem, unterwegs an einer schönen Stelle anzuhalten und zu verweilen oder auch die Musik einmal ganz laut zu drehen und mit der ganzen Reisemannschaft mitzusingen. Das Urlaub-Machen mit einem Camper oder Wohnmobil macht also bereits die Anreise zu einem Erlebnis, welches bestimmt nicht schnell vergessen wird.

Vorteil Nummer drei: Camping ist der ideale Familienurlaub

Die Wahl des geeigneten Hotels birgt insbesondere für Familien mit kleineren Kindern eine große Herausforderung. So gibt es viele Hotels, die ausschließlich für Erwachsene buchbar sind, denn niemand möchte schon morgens um neun Uhr Kleinkind-Geschrei am Frühstücksbuffet ertragen, solange es nicht die eigenen Kinder sind. Andererseits sorgen Animationsprogramme und geplante Unternehmungen für Kinder und Teens seitens des Hotels dafür, dass der

Nachwuchs beschäftigt ist und keine Langeweile hat – das Gemein-same des Familienurlaubs droht aber auch hier unterzugehen. Wer mit seiner Familie einen Campingurlaub verbringt, kann von einer ausgeglichenen Balance profitieren. So wirken Camping-Plätze für Kinder oftmals wie riesige Spielplätze, auf denen sie selbstständig ihre Zeit verbringen können. Auch an Spielpartnern mangelt es in der Regel nicht. Dennoch geht auch die Gemeinsamkeit der Familie beim Campingurlaub nicht unter, denn allein das Leben in einem Wohnmobil, im Camper oder in Zelten sorgt dafür, dass die Familie näher zusammenrücken muss – im wahrsten Sinne des Wortes. Auch das Fehlen von Elektronik, wie zum Beispiel vom Flachbildfernseher im Hotelzimmer, sorgt dafür, dass die Zeit lieber gemeinsam mit Gesellschaftsspielen oder vor dem Lagerfeuer verbracht wird. Viele Campingplätze bieten übrigens auch Animationsprogramme an, somit kommt selbst bei längeren Urlauben auf einem Campingplatz keine Langeweile auf!

Vorteil Nummer vier: Gemeinschaft mit Gleichgesinnten

Wer auf dem Campingplatz Urlaub macht, ist in der Regel nie alleine. Campern wird nachgesagt, besonders hilfsbereit und gastfreund-lich zu sein, und davon kannst auch du profitieren. Das bedeutet nicht, dass du dies tun musst und dich mit jedem Camping-Urlauber anfreunden (oder ihn auch nur mögen) musst, der dir begegnet. Jedoch wirst du mit Sicherheit schnell merken, wie schön ein freund-licher Umgang miteinander und auch vielleicht das gemeinsame Grillen an lauen Sommerabenden sein kann. Isoliert auf dem Hotel-zimmer sitzen oder einsam ein Buch am Strand lesen, kann zwar auch mal nett sein. Wie viel schöner ist es jedoch, mit einigen neuen Bekannten oder Freunden mehr wieder nach Hause zu fahren?

Vorteil Nummer fünf: Camping entschleunigt so richtig

Wieso machen die meisten Menschen Urlaub? Um Stress abzu-bauen, herunterzukommen und den anstrengenden Alltag zumindest für einige Tage hinter sich zu lassen. Vergleichen wir das Camping noch einmal mit der Reise mit dem Flugzeug, lässt sich bereits hier erkennen, wie viel mehr Stress das Fliegen mit sich bringt. Auch, wenn wir den Jetlag oder lange Flugzeiten einmal außen vor lassen, kann eine Menge Stress allein dadurch entstehen, dass wir den teuren Flug auf keinen Fall verpassen dürfen, denn ansonsten wäre der Urlaub gelaufen, bis ein (noch teurerer) Ersatzflug gefunden wird. Dann kann der anschließende Urlaub noch so entspannt sein, spätestens bei der Heimreise, bei welcher erneut der richtige Flieger pünktlich bekommen werden muss, steigt das Stresslevel erneut und die vorangegangene Entspannung verschwindet nach und nach. Auch die geregelten Zeiten eines Hotels sorgen oftmals nicht dafür, dass wir uns entspannen und entschleunigen können. Wer frühstücken möchte, muss dies zwischen acht und zehn Uhr tun – auf dem Campingplatz hingegen kannst du selbst entscheiden, wann du deinen ersten Kaffee trinkst, wann das Spiegelei gebraten wird – und hey, wenn du ein zweites Frühstück haben möchtest, dann gibt es einfach ein zweites Frühstück!

Ein weiterer Aspekt der Entschleunigung ist auch der sogenannte „Digital Detox". Hierbei handelt es sich um ein Phänomen, bei welchem die Urlauber bewusst eine Pause von ihren sozialen Netzwerken, von ihren E-Mails oder von der dauerhaften Erreichbarkeit einlegen. Dies lässt sich auf Campingplätzen, insbesondere auf den abgelegeneren Plätzen ohne gutes Netz, einfach umsetzen. Während das Hotel-WLAN dazu verlockt, das Smartphone doch einmal mehr aus der Hosentasche zu ziehen, sorgt die Verbundenheit mit der Natur, wie wir sie auf Campingplätzen und im Campingurlaub erleben, dafür, dass es noch leichter fällt, auf Smartphone, Laptop und Co. zu verzichten.

Vorteil Nummer sechs: der Preis

Einer der Hauptgründe, wieso Campingurlaube sich einer solch großen Beliebtheit erfreuen, ist der Preis. Während wir für den All-Inclusive-Urlaub mit Flug schon einmal mehrere hundert Euro hinblättern müssen, was insbesondere für größere Familien nicht unbedingt erschwinglich ist, lässt sich ein Urlaub auf dem Campingplatz deutlich günstiger finanzieren. Was in dieser Hinsicht natürlich nicht vergessen werden darf, ist die einmalige Anschaffung von Campingwagen, Van, Wohnmobil, Caravan oder Dachzelt und auch die Instandhaltung der Campingunterkunft. Trotz jener Kosten ist ein Campingurlaub deutlich günstiger als viele andere Urlaubsmodelle: Die Unterkunft ist bereits vorhanden, Handtücher und Bettwäsche müssen nicht gemietet werden, sondern werden mitgebracht. Und auch das Essen wird selbst zubereitet und muss nicht in teuren Restaurants gekauft werden. Natürlich sind die schlussendlichen Kosten auch von der Reiseentfernung und dem Campingplatz abhängig, denn je nach Ausstattung und Programmangeboten können auch hier die Preise variieren.

Vorteil Nummer sieben: Camping ist haustierfreundlich

Nun gut, deinen Hamster solltest du vielleicht nicht unbedingt mitsamt Käfig und Laufrad in den Kofferraum stellen, jedoch ist der Campingurlaub insbesondere für Hundehalter eine tolle Möglichkeit, um den Familienhund einfach mitzunehmen und nicht bei Nachbarn, der Familie oder Freunden unterbringen zu müssen. Einerseits gestaltet die Anreise mit dem eigenen Auto oder Wohnmobil das Mitbringen von Hunden (oder auch Katzen, sollten diese gerne Auto fahren und reisen) einfacher, denn einen Hund im Flugzeug mitzunehmen stellt nicht selten als große Herausforderung für Mensch und Tier dar. Andererseits bietet auch der Aufenthalt in der freien Natur die Möglichkeit, den Vierbeiner mit in den Urlaub zu nehmen, denn in Hotels sind unsere felligen Freunde nicht immer erlaubt. Solltest du deinen Hund mit in den Campingurlaub mitnehmen wollen, solltest du dich dennoch immer dringend beim jeweiligen Campingplatz erkunden, ob Vierbeiner erlaubt sind. Ein weiterer Aspekt ist, dass das lange Reisen und Kennenlernen einer neuen Umgebung für Hunde eine Menge Stress bedeuten. Wer ein Campingmobil oder Vergleichbares besitzt, der kann seinen Vierbeiner bereits vor dem Urlaub nach und nach mit der Unterkunft vertraut machen und somit der Stressbildung vorbeugen.

Vorteil Nummer acht: der Minimalismus

Minimalismus ist in und immer mehr Menschen versuchen, auf Dinge zu verzichten, die sie eigentlich nicht dringend benötigen. Genau das ist auch beim Camping (unfreiwillig) der Fall, denn viel Platz herrscht in Wohnmobilen oder im Caravan nicht. Insbesondere, wer mit der Großfamilie verreist oder im Zelt schläft, muss sich somit auf das Nötigste konzentrieren. Dies mag zunächst unangenehm oder sogar stressig klingen, jedoch wirst du mit Sicherheit schnell merken, wie angenehm es sein kann, wenig zu besitzen und mit dem Nötigsten auszukommen. Eventuell inspiriert dich dein nächster Camping-Trip sogar dazu, bei dir zu Hause einmal richtig auszumisten und dich von allem Überflüssigen zu trennen.

Vorteil Nummer neun: unbefangen Abenteuer erleben

In so gut wie jedem von uns steckt ein kleiner Jäger oder Sammler und genau diese Persönlichkeiten können wir im Camping-Urlaub so richtig rauslassen! Das Angeln am See, das Kräuter- oder Pilze-Sammeln im Wald oder einfach der Spaziergang durch die Gegend lassen das Abenteurer-Herz höherschlagen. Dabei ist es im Campingurlaub vollkommen egal, ob das T-Shirt vom Holzsammeln schmutzig geworden ist, oder die manikürten Fingernägel nicht mehr ganz so hübsch aussehen, denn auf dem Campingplatz gibt es keinen Dresscode. Sich für das Frühstücksbuffet also schick zu machen oder abends für den Cocktail das lange Kleid oder das Hemd anzuziehen, ist beim Camping also absolut nicht notwendig, was den Komfort-Faktor enorm erhöht!

Vorteil Nummer zehn: Camping ist umweltfreundlich(er)

Dass Flugreisen oder auch Reisen mit dem Schiff der Umwelt deutlich mehr schaden, als sie uns Urlaubern guttun, wissen die meisten Menschen bereits. Wusstest du aber, dass selbst der Hotelurlaub bei einer Anreise mit dem eigenen PKW eine schlechtere Umweltbilanz besitzt als das Verreisen mit dem eigenen Campingmobil? Trotz der Tatsache, dass Reisemobile mehr Kohlendioxid ausstoßen als gewöhnliche PKWs, produziert eine Reise mit eigenem Wohnmobil zum Campingplatz weniger Kohlendioxid als die Anreise zu und der Aufenthalt in einem Hotel. Der Grund hierfür liegt oftmals an den Hotels an sich, denn diese sind nicht darauf ausgerichtet, umweltfreundlich zu sein und eine gute Umweltbilanz zu haben, sondern größtmöglichen Komfort für den Urlauber zu bieten – inklusive Klimaanlage, Dauerbeleuchtung im Flur und Chlor-Reiniger im Pool. Genieße stattdessen die Natürlichkeit des Campingplatzes, dabei ist die Umweltbilanz desto besser, je mehr Personen mit dir zusammen verreisen. Es gibt übrigens sogar besonders umweltfreundliche und nachhaltige Campingplätze, auf denen du deinen Urlaub noch freundlicher für die Natur gestalten und diese ohne schlechtes Gewissen genießen kannst.

Die Vielfältigkeit des Campings

Camping ist nicht gleich Camping, denn hier ist die Auswahl des Urlaubsziels, der Freizeitgestaltung und auch der Unterbringung überaus vielfältig. Insbesondere bei den Unterkünften – hiermit sind unter anderem Zelte, Caravane oder Wohnmobile gemeint – besteht nicht selten die Qual der Wahl, weswegen dir im Nachfolgenden die unterschiedlichen Möglichkeiten deiner zukünftigen Camping-Unterkunft genauer aufgezeigt und erklärt werden.

Camping unter freiem Himmel

Ob man das Schlafen unter freiem Himmel wirklich Camping nennen kann, ist natürlich fraglich. Jedoch braucht es grundlegend nicht viel, um in ein wahres Camping-Gefühl zu kommen und die Natur um sich herum genießen zu können. Insbesondere in den warmen Sommermonaten machen sich deswegen viele Leute auf, packen die nötigsten Dinge, eine Hängematte, Schlafsäcke und oder eine Isomatte ein und gehen eine Runde wandern. Sobald die Dämmerung eintritt, wird ein Schlafplatz gesucht, ein kleines Lagerfeuer (nur solange erlaubt, denn die Waldbrandgefahr ist kein Witz) gemacht und ein ruhiger Abend mitten in der Wildnis verbracht. Eine solche Art des Campings ist meistens nur etwas für richtige Naturkinder und nicht unbedingt für einen längeren Urlaub geeignet. Jedoch lohnt es sich bereits, ein solches Miniabenteuer in den Alltag zu integrieren, vor allem dann, wenn der Urlaub noch einige Wochen auf sich warten lässt und das Wochenende ausgenutzt werden soll.

Camping im Zelt

Das Zelt ist wohl die klassischste Unterbringung beim Camping, denn wer denkt nicht direkt an das niedliche Einmannzelt, wenn vom Camping die Rede ist? Tatsächlich bietet das Zelt viele Vorteile. So ist es in der Anschaffung sehr günstig und es gibt eine große Bandbreite an Zelt-Modellen. Insbesondere Familienzelte stellen hier eine geräumige Alternative dar, denn sie besitzen neben den Schlafbereichen oftmals auch einen zusätzlichen Wohnbereich, in welchem graue Regentage gemeinsam im Trockenen verbracht werden können. Das Zelt stellt auch für Paare eine romantische Möglichkeit des Campings dar, denn durch die dünnen Zeltwände fühlt der Camper oder die Camperin sich der Natur noch verbundener – und fast so, als würde er oder sie unter freiem Himmel schlafen. Neben diesen Vorteilen lässt sich ein Zelt in der Regel auch einfach und platzsparend verstauen, sodass das längere Reisen mit dem Zelt ebenfalls kein Problem darstellt.

Neben diesen Vorteilen gibt es natürlich auch ein paar kleine Nachteile, die das Camping-Erlebnis mit dem Zelt beeinträchtigen könnten. So ist es Insekten und kleineren Tieren oftmals ein Einfaches, ins Innere des Zeltes einzudringen, auch wenn integrierte Fliegengitter hier schon für einen hohen Komfort und Schutz sorgen. Auch ist das Campen in Zelten extrem wetterabhängig, denn fünf Tage Dauerregen oder Gewitter hält auch das beste Zelt nicht Stand, ohne dass es ungemütlich wird. Auch die Kälte kann den Urlaub im Zelt vermiesen, denn diese kann im Inneren des Zeltes in der Regel nur mit dicken Schlafsäcken, Isomatten, warmer Kleidung oder einem Zelt-Ofen (ein kleiner Holzofen für das Innere von bestimmten Zelten) bekämpft werden. Ebenfalls ist die Privatsphäre in einem Zelt eventuell kleiner als in einem Camper oder Wohnmobil, denn genauso wie der Urlauber oder die Urlauberin die Geräusche von draußen im Inneren des Zeltes hören kann, kann die Umwelt den Urlauber oder die Urlauberin im Zelt hören.

Schlussendlich bedeutet das Camping mit dem Zelt eine sehr einfache und unkomplizierte Art des Reisens, welche überaus naturverbunden und pragmatisch ist. Gleichzeitig müssen Entbehrungen gemacht werden, die wiederum von dem vergleichsweise günstigen Anschaffungspreis eines Zeltes wettgemacht werden.

Camping im Dachzelt

Bei einem Dachzelt handelt es sich um ein Zelt, welches auf dem Autodach montiert wird. Die Montage an sich ist dabei relativ einfach, insbesondere dann, wenn eine zweite Person zur Hilfe bereitsteht, denn ein passendes Montagekit wird beim Kauf eines Dachzeltes mitgeliefert. Nur die Dachträger auf dem Auto müssen vorhanden sein. Sollte dein Auto über keine Dachträger verfügen, lassen diese sich jedoch einfach nachrüsten. Dachzelte sind in einer faltbaren und leichten Ausführung erhältlich oder alternativ als Hartschalen-dachzelt. Das Faltdachzelt ist dabei finanziell erschwinglicher als das Dachzelt aus Hartschale, wobei dieses natürlich auch wieder Vorteile mit sich bringt.

Die Vorteile eines Dachzeltes sind mit denen eines gewöhnlichen Zeltes vergleichbar, denn das Gefühl vom Schlafen in der freien Natur bleibt auch in Dachzelten bestehen. Dadurch, dass Dachzelte auf dem Dach des PKWs montiert werden, müssen sie mithilfe einer Leiter betreten werden. Die Höhe, in der schlussendlich im Zelt geschlafen und gewohnt wird, ist für viele Dachzeltbesitzer dabei ein weiterer Vorteil, denn das lästige Krabbeln in das Zelt hinein und aus dem Zelt heraus entfällt. Auch haben es die kleinen und größeren Bewohner der Natur es nicht ganz so leicht, Zutritt in das Zelt zu finden. Die meisten Dachzelte verfügen darüber hinaus über eine integrierte Matratze. Das bedeutet einen hohen Komfort und Platzersparnis im Auto, denn Isomatte, Luftmatratze und Co. müssen nicht im Kofferraum transportiert werden, sondern sind im Dachzelt integriert. Der Aufbau des Dachzeltes kann dabei mit der Note „gut" bewertet werden. So ist der Aufbau eines Faltdach-zeltes definitiv einfacher als der Aufbau eines gewöhnlichen Zeltes, jedoch fehlt hier der Komfort, der bei einem Wohnmobil vorhanden ist. Das Hartschalendachzelt übrigens lässt sich ganz leicht mithilfe einer Kurbel hoch- und herunterfahren, der Aufbau hier ist deutlich einfacher als beim Faltdachzelt. Die Liegefläche eines Dachzeltes ist darüber hinaus auch größer, als zunächst angenommen werden könnte. So wird schnell vermutet, dass das Dachzelt nur so breit ist, wie das Autodach an sich, jedoch wird hier vermehrt mit aus-klappbaren und Stütz-Elementen gearbeitet, sodass zwei Personen, je nach Ausführung und Modell, komfortabel nebeneinanderliegen können.

Selbstverständlich lassen sich auch bei Dachzelten einige Nachteile finden, die größtenteils mit denen der gewöhnlichen Zelte vergleichbar sind. So fehlt auch in einem Dachzelt die Privatsphäre und selbstverständlich verfügt ein Dachzelt nicht über ein integriertes Badezimmer oder eine Dusche. Des Weiteren ist auch das Übernachten im Dachzelt auf dem Auto wetterabhängig – auch wenn die Position auf dem Auto der Kälte nicht so stark erlaubt, in das Zelt zu ziehen, wie es beim direkten Liegen auf dem Boden der Fall wäre. Auch die Anschaffung eines Dachzeltes ist finanziell teurer als die Anschaffung eines gewöhnlichen Zeltes. Ein letzter Nachteil von Dachzelten ist, dass sie für die Fahrt fest auf dem Auto montiert werden müssen. Das hat zwar den Vorteil, dass sie auf Reisen schnell aufgebaut sind. Jedoch sind sie auch noch montiert, wenn der Urlaub vorbei ist, und sollten abgebaut werden, damit der PKW auf den alltäglichen Fahrten durch den erhöhten Luftwiderstand nicht zu viel Sprit verbrauchen muss.

Schlussendlich bietet das Dachzelt eine tolle Alternative zum gewöhnlichen Zelt, denn es lässt sich einfacher transportieren, schneller aufbauen und beinhaltet mehr Komfort. Gleichzeitig bleiben jedoch die Vor- und Nachteile des klassischen Zeltes erhalten, denn auch in einem Dachzelt ist der Urlauber oder die Urlauberin der Natur sehr nah – und die Natur ihm oder ihr. Hier kommt es also ganz auf den Urlauber/die Urlauberin an sich an, denn ob die Vorteile die Nachteile überwiegen, liegt immer im Auge des Betrachters.

Camping im Wohnwagen (Caravan)

Der Wohnwagen, welcher auch unter dem Namen Caravan bekannt ist, gilt als eines der ersten Fahrzeuge, mit denen komfortabel verreist werden konnte. Somit handelt es sich bei einem Wohnwagen um einen Anhänger, welcher in der Regel (mindestens) ein Bett, eine Sitzecke, eine Nasszelle, also ein kleines Bad, sowie eine Küchenzeile beinhält. Je nach Vorliebe und Wünschen sind hier natürlich eher kleine Zimmerchen, komfortable Apartments oder Raumdesigns mit Loft-Betten erhältlich. Auch die Caravane an sich unterscheiden sich voneinander und sind in einer großen Bandbreite erhältlich.

So ist ein beliebtes Modell der Klapp-, Auszieh- oder Faltcaravan. Hier handelt es sich um kompakte Wohnwagen, die mittels einfacher Systeme zusammenklapp-, falt- oder schiebbar sind und dadurch für eine bessere Aerodynamik und ein leichteres Gewicht auf der Straße sorgen. Stauraum für das Reisegepäck, eine kleine Küchenzeile und auch ein Bett finden trotz der platzsparenden Maßnahmen in der Regel in einem kompakten Wohnwagen Platz. Mit dem Faltcaravan vergleichbar ist der Zeltanhänger. Hier handelt es sich um eine Kombination aus Wohnwagen und Zelt. Die Anhängerbasis verfügt dabei über eine leichte Zeltkonstruktion, welche sich einfach aus- und einklappen lässt und somit für ein leichtes Gewicht sorgt. Dadurch, dass das Zelt im Anschluss nicht auf dem Boden aufgebaut wird, sondern bereits auf dem Anhänger steht, wird insbesondere das Off-Road-Camping, also das Camping fernab von erschlossenen Plätzen, erleichtert.

Die Vorteile eines Wohnwagens sind in erster Linie, dass sie – abhängig von Modell und Ausführung – viel Platz und Luxus bieten. Dabei sind sie finanziell deutlich erschwinglicher als die teurere Variante des Wohnmobils oder des Campingbusses. Dadurch, dass viele Caravane sich einklappen und komprimieren lassen, können sie außerdem einfacher daheim verstaut werden, bis die nächste Urlaubssaison beginnt, und halten somit in der Garage anstatt auf teuren Abstellplätzen ihren Winterschlaf. Dadurch, dass Wohnwagen keinen eigenen Motor besitzen und von einer Zugmaschine bewegt werden müssen, entfallen darüber hinaus viele Wartungskosten. Die Lebensdauer von Wohnwagen wird verhältnismäßig lang eingeschätzt. Camping-Urlaubende bekommen dank einer festen Unterkonstruktion und schnell aufbaubaren Komponenten in der Regel keine nassen Füße, wenn das Wetter einmal umschlägt. Mitunter der größte Vorteil eines Caravans gegenüber einem Campingbus ist die Möglichkeit, den Wohnanhänger einfach abzukuppeln und stehen zu lassen. So können Besorgungen mit dem PKW unternommen werden oder es kann sogar in der Innenstadt geparkt werden. Große Busse und Wohnmobile bieten diesen Luxus in der Regel nicht.

Ein Wohnwagen bringt natürlich auch diverse kleinere Nachteile mit sich. So ist es nicht immer ein Leichtes, den Caravan zu rangieren und zum Beispiel rückwärts einzuparken. Gerade für Anfänger, die mit ihrem Caravan auf schmalen Campingplätzen rangieren müssen, stellt sich hiermit ein unangenehmes Szenario da – welches sich jedoch mit etwas Übung umgehen lässt. Auch die Geschwindigkeitsbegrenzungen eines Wohnwagens gelten als kleiner Nachteil, denn je nach Modell dürfen maximal 80 bis 100 km/h (100 km/h nur mit spezieller Zulassung) auf der Autobahn gefahren werden. Wie wir ja bereits wissen, ist das Weg das Ziel: Wer sich also genügend Reisezeit einplant, sollte sich an diesem Nachteil nicht all zu groß stören. Der Auf- und Abbau des Wohnwagens ist darüber hinaus in der Regel zwar einfacher als beim gewöhnlichen Zelt, kann dennoch als lästig empfunden werden. So muss ein Anhänger natürlich abgestützt, aufgebaut und im Idealfall auch mit einem Vordach oder Ähnlichem versehen werden, damit der volle Komfort des Wohnwagens genossen werden kann.

Wohnwagen oder Caravane eignen sich für so gut wie alle Campingbegeisterte. Durch ihren niedrigeren Anschaffungspreis im Vergleich zum hohen Komfort sind sie auch für geringer-verdienende Menschen erschwinglich und eignen sich für lange Reisen oder das Dauercamping sowie für Wochenendtouren. Der Caravan wird oftmals als eine Kombination aus Zelt und Wohnmobil verstanden und beinhaltet einige Vorteile beider Modelle.

Camping im Wohnmobil

Bei einem Wohnmobil handelt es sich um die „All-in-One"-Lösung, denn, wie der Name bereits verrät, handelt es sich bei einem Wohnmobil um mobiles Wohnen. Mit einem Wohnmobil kann also die gesamte Familie in den Urlaub fahren und im Anschluss auch darin wohnen. Wie auch der Wohnwagen beinhaltet ein Wohnmobil in der Regel eine oder mehrere Schlafmöglichkeiten sowie eine Nasszelle, einen Wohnbereich und eine Kochnische. Wer es besonders komfortabel mag, kann sich darüber hinaus auch Heizungen, Klimaanlagen und Frisch- und Grauwassertanks einbauen. Mitsamt einer Installation von Wasser-, Gas- und Stromleitungen fühlt der Urlauber oder die Urlauberin sich genauso gemütlich wie in der eigenen Wohnung. Mithilfe von Solarzellen kann selbst das autarke Urlaubmachen möglich gemacht werden.

Der große Vorteil eines Wohnmobils ist, dass der Besitzer/die Besitzerin wirklich alles in einem hat. Das Fahrzeug verfügt über alle Notwendigkeiten, die über einen Urlaub hinweg benötigt werden, und bietet oftmals reichlich Platz für Gepäck. Auch das Rangieren mit einem Wohnmobil wird von vielen Menschen als leichter empfunden als das Rangieren eines Wohnwagens, also einem Caravan-Anhänger. Wer sich ein neues Wohnmobil-Modell zulegt, wird darüber hinaus wahrscheinlich auch von Rückfahrkameras profitieren, die das Einparken und Abstellen noch sicherer und leichter gestalten. Dadurch, dass ein Großteil der Wohnmobile ein Gewicht von 3,5 Tonnen nicht überschreiten, gelten sie als normaler PKW und unterliegen den gleichen Gesetzen (im Straßenverkehr, nicht beim Campen) wie gewöhnliche Autos. Während Caravane übrigens ausschließlich auf offiziellen Campingplätzen ihren Stellplatz finden dürfen, können Wohnmobile auch auf diversen Stellplätzen übernachten. Nicht selten handelt es sich auch schon einmal um Parkplätze, auf denen das Abstellen für eine oder mehrere Nächte erlaubt ist, mit einem Anhänger ist dies leider nicht immer erlaubt. Ein weiterer Vorteil des Wohnmobils ist die schier unendliche Auswahl an Modellen, Designs und Extras, die die Besitzer sich einbauen lassen können, um noch mehr Komfort und Luxus mit in den Campingurlaub nehmen zu können.

Nachteile lassen sich bei Wohnmobilen leider auch einige finden. Ein Nachteil, über den viele Wohnmobil-Besitzer sich ärgern, ist jener, dass die Flexibilität am Urlaubsort abnimmt. Das Wohnmobil einmal kurz abzubauen, um in die Stadt zu fahren oder einkaufen zu gehen, ist nicht unbedingt eine Option, weswegen vielmehr auf das Fahrrad oder die öffentlichen Verkehrsmittel zurückgegriffen werden muss. Auch sorgen die großen Dimensionen des Wohnmobils dafür, dass es sich nicht sehr gut auf unwegsamem oder matschigem Gelände fahren lässt und engere Kurven, wie wir sie zum Beispiel in historischen Städten oder auf kleineren Campingplätzen finden, eine Herausforderung darstellen. Auch das Gewicht stellt einen weiteren Nachteil des Wohnmobils dar. So darf dieses ein Gewicht von 3,5 Tonnen nicht überschreiten und das beinhaltet auch das Gepäck, die Urlauber an sich und eventuelle Markisen oder Fahrräder, die transportiert werden müssen. Es sollte also immer gut durchgerechnet werden, wie schwer die Zuladung ist, damit das Wohnmobil auch offiziell noch mit einem gewöhnlichen Führerschein gefahren werden darf. Auch der Abstellplatz eines Wohnmobils sollte vorab gut überlegt sein, denn das Gefährt einfach in den Garten zu stellen, ist nicht immer erlaubt. Entsprechende Fixkosten sollten demnach bereits vorher bedacht werden.

Schlussendlich eignen sich Wohnwagen hervorragend für Familien, Paare oder auch Rentner, die viel Zeit unterwegs verbringen und viel sehen möchten. Auch Dauercamper können mit einem Wohnmobil ihr Glück finden, denn hat das Gefährt seinen Stellplatz erst einmal erreicht, lebt es sich hierin sehr komfortabel und fast so wie in einer gewöhnlichen Wohnung.

Camping mit ausgebautem Auto / Camping im Tiny House on Wheels

Eine Möglichkeit des Campings, die immer beliebter wird und momentan absolut im Trend liegt, ist das Ausbauen des Vans oder Kastenwagen sowie das Bauen eines Tiny House auf Rädern. So ist es einerseits möglich, einen Kastenwagen entweder in DIY-Art oder mithilfe baufertiger Küchen- und Bettmodule auszubauen, sodass in dem Wagen übernachtet werden kann. Dies bietet einige Vorteile. So lässt sich der Ausbau in der Regel relativ kostengünstig und individuell gestalten, der Besitzer kann das Bett zum Beispiel genauso einpassen, wie er es benötigt, und muss sich keine Sorgen um kalte Füße machen. Mit vielen schlauen Tricks und Lösungen lässt sich hierbei auch in den kleinsten Ecken Stauraum erarbeiten. Der Kastenwagen kann dabei, im Gegenteil zum Wohnmobil, selbst in Innenstädten fahren. Das Abstellen mitten in der Wildnis ist jedoch nicht erlaubt, auch hier muss ein offizieller Stellplatz oder ein Campingplatz angefahren werden.

Bei Tiny Häusern handelt es sich um Mini-Häuser, die auf tiefergesetzte Autoanhänger gebaut werden. Tiny Häuser müssen bestimmte Maße einhalten, damit sie über die Straßen gezogen werden können. So dürfen sie vom Boden aus nicht höher als vier Meter sein, eine maximale Breite von 2,55 m aufweisen und ein Gewicht von 3,5 Tonnen nicht überschreiten. Dafür jedoch lassen Tiny Häuser sich gestalten wie ganz normale kleine Wohnungen. Und der Besitzer fühlt sich, als würde er sein Haus einfach mit in den Urlaub nehmen.

Ein eigenes Tiny House zu bauen und einen Stellplatz für dieses zu finden, ist jedoch mit viel Organisation und einigen rechtlichen Fragen verbunden, weswegen Tiny Häuser sich nur sehr bedingt für das Camping eignen.

Camping im Campingbus

Der Campingbus ist der moderne Nachfolger des legendären VW-Bullis, welcher durch die Firma Westfalia mithilfe eines Ausbauaufsatzes als erstes rollendes Urlaubsdomizil galt. Vorstellen kannst du dir unter dem Begriff Campingbus ein Fahrzeug, welches maximal fünf Meter lang und zwei Meter hoch ist. Erhältlich sind moderne Campingbusse, diese werden übrigens auch Camping-Vans genannt, von verschiedenen bekannten Autoherstellern. Die wohl bekanntesten Campingbusse sind die klassischen T1- oder T2-VW-Busse. Einen Campingbus kann der Besitzer entweder selbst ausbauen und so auf seine eigenen Bedürfnisse anpassen oder vom Hersteller oder gewissen Firmen nach bestehenden Wünschen ausbauen lassen. In Campingbussen lassen sich somit Schlafplätze, Sitznischen, Kochecken und auch der Platz für die Campingtoilette finden. Auch weitere schlaue Erfindungen, wie Wassertanks für Trinkwasser zum Spülen, Außenduschen oder einrollbare Matratzen gestalten das Camping-Erlebnis im Camping-Van noch angenehmer.

Das wohl ausschlaggebendste Merkmal eines Campingbusses ist das Hubdach. Hierbei handelt es sich um spezielle Dachaufbauten aus Glasfaserkunststoff sowie wasserdichtem Stoff, welche sich nach dem Abstellen wie ein Akkordeon nach oben (oder schräg hoch) aufklappen lassen. Somit erweitern sich die Stehhöhe im Inneren des Gefährts und es können sogar zusätzliche Schlafplätze integriert werden. Auch die Durchlüftung des Busses wird durch ein solches Hubdach verbessert.

Die Vorteile lassen sich in Bezug auf den Campingbus zuhauf finden, denn sie sind nicht umsonst so beliebt und erfreuen sich einer immer stärker wachsenden Beliebtheit. So ist ein großes Plus die Wendigkeit des Campingbusses, denn dieser hat keine größeren Maße als ein gewöhnlicher Transporter oder Auto-Bus. Das bedeutet, dass das Fahren des Campingbusses deutlich einfacher und angenehmer vonstattengeht als das Fahren eines Campingmobils oder eines Anhängers. Auch das Einparken oder Fahren durch enge Wendungen ist mit diesem Camping-Gefährt kein Problem. Darüber hinaus gilt der Camping-Van als absolut alltagstauglich, denn schlussendlich ist er ein Alltagsfahrzeug, welches nur anders genutzt wird als geplant. Aufgrund dieser Doppelnutzung kann der Besitzer auch einfach spontan nach dem Feierabend ins Grüne fahren und sein Wochenende genießen, ohne groß planen oder packen zu müssen. Die Möglichkeit, den Campingbus nach den eigenen Wünschen zu gestalten oder gestalten zu lassen, sorgt darüber hinaus für maximalen Komfort auf der Reise.

Die Nachteile eines Campingbusses lassen sich natürlich ebenfalls finden. So ist der Vorteil zwar die Wendigkeit des Gefährts, jedoch geht damit auch die Größe einher, welche eher klein ausfällt. Somit bleibt nicht viel Platz für Extragepäck und es muss mit Umbaumaßnahmen am Abend und am Morgen gerechnet werden, damit nicht auf dem Bett gefrühstückt oder im Wohnbereich geschlafen werden muss. Darüber hinaus liegen Camping-Vans auch im preislichen Bereich eher in einer höheren Kategorie und sind somit fast so teuer wie luxuriöse Campingmobile. Wer handwerklich begabt ist und selbst Hand anlegen kann, ist hier also klar im Vorteil, jedoch verlangen bereits neue und nicht-ausgebaute Basisfahrzeuge schon ihren Preis.

Schlussendlich stellt der Camping-Van, trotz einiger kleiner Nachteile oder Einschränkungen, den idealen Kompromiss zwischen den vielen verschiedenen Camping-Möglichkeiten dar. Er eignet sich als Alltagsfahrzeug, lässt sich individuell auf die eigenen Wünsche und Bedürfnisse anpassen und ermöglicht eine hohe Flexibilität und Freiheit – und darauf kommt es beim Camping doch wirklich an!

Alles rund um den Campingbus

Dass der Campingurlaub viele Vorteile dem Urlaub im Hotel oder mit dem Flugzeug gegenüber hat, hast du inzwischen bestimmt schon aus den ersten Seiten dieses Ratgebers herauslesen können. Nun stellt sich vielen Camping-Begeisterten oder -Interessierten jedoch schnell die Frage, wie der erste richtige Campingurlaub angegangen werden kann, denn damit ein solcher Urlaub ein wahrer Erfolg wird und uns die Freiheit und Erholung bietet, die wir uns erhoffen, ist einiges an Planung und Vorbereitung gefragt. In erster Instanz geht es natürlich um die richtige Unterkunft, die wir beim Campingurlaub nicht online über diverse Hotel-Websites buchen können, sondern als Erstes zu uns nach Hause holen müssen. Einen Camping-Van zu kaufen, ist dabei nicht selten eine große Anschaffung, die wohlüberlegt sein sollte. Aber auch, wenn die Finanzen vielleicht noch nicht nach dem Kauf eines vollausgestatteten und neuwertigen Campingbusses aussehen, gibt es einige Möglichkeiten, wie du dennoch den perfekten Camping-Urlaub mit fahrbarem Zuhause planen und umsetzen kannst!

Die verschiedenen Campingbus-Arten

Mit einem türkisblauen, ausgebauten T1-Bulli aus dem Jahr 1965 durch die Gegend zu fahren, ist wohl der Traum vieler Camper und Autoliebhaber. Dass sich ein solch historischer VW-Bus nicht mal eben im Autohaus nebenan kaufen und anschließend auch finanzieren lässt, lässt den Traum vieler Campingfans schnell wieder platzen. Dennoch ist es dir möglich, mit einem wahren Nostalgie-Gefühl in den Urlaub zu fahren oder auch auf moderne Camping-Vans mit luxuriöser Ausstattung zu setzen. Schauen wir uns die verschiedenen Camper-Arten also einmal genauer an, um herauszufinden, welches Modell genau das Richtige für dich sein könnte!

Campingbusse ohne Bad – ein Fahrzeug für alle Fälle

Wer braucht schon ein Bad im Bus, wenn es doch auf dem Campingplatz hochwertige Sanitäranlagen gibt? Ein Campervan ohne Nasszelle beziehungsweise Bad-Elemente bietet dir viele Vorteile: So ist zunächst der Platz ein riesiger – im wahrsten Sinne des Wortes – Vorteil, denn in einem Campingbus ohne Bad ist entsprechend mehr Platz für Sitzmöglichkeiten oder auch noch ein weiteres Bett. Auch das Gesamtgewicht des Fahrzeuges leidet weniger, wenn das Bad ausbleibt. Ein Campingbus ohne Bad stellt also das Bindeglied zwischen dem gewöhnlichen PKW und dem Wohnmobil dar und bietet dir höchste Flexibilität und Freiheit. So ist es nicht unnormal, dass Campingbus-Besitzer diesen auch im Alltag nutzen, denn der Van fährt sich genauso angenehm wie jedes andere große Auto und ist in der Innenstadt zugelassen. Solltest du also nach dem Feierabend einfach spontan Lust haben, ins Grüne zu fahren und eine Nacht im Freien zu verbringen, ist dir das mit einem Campingbus möglich. Die Matratze und alles Wichtige finden ohnehin Platz in den Verstaumöglichkeiten des Camping-Vans, sodass es spontan und mit einem Gefühl der Freiheit einfach losgehen kann.

Campingbusse ohne Bad werden übrigens dennoch mit Hubdächern angeboten. Auf diesen Komfort und die Möglichkeit des aufrechten Stehens in deinem mobilen Zuhause musst du also nicht verzichten. Natürlich ändert sich der Preis entsprechend der zusätzlichen Features deines Camping-Vans. Kommen wir einmal kurz zu den Nachteilen eines Campingbusses ohne Bad: So ist der größte Nachteil natürlich, dass kein Bad vorhanden ist und der Besitzer für den nächtlichen Toilettengang oder das morgendliche Zähneputzen die Sanitäranlagen des Campingplatzes aufsuchen muss. Wer kein Problem damit hat, sein Bad ab und zu mit fremden Menschen zu teilen oder sich mit anderen Hilfsmitteln (hierüber wird in dem Kapitel zur Ausstattung des Campers noch einmal genauer berichtet) zufrieden zu geben, für den sollte das fehlende Bad also überhaupt kein Manko darstellen. Schwieriger wird es da schon einmal, wenn das stille Örtchen mitten in der Wildnis ruft. Aber auch hier ist der Campingurlauber/die Campingurlauberin in der Regel ja nicht kleinlich und weiß sich zu behelfen.

Campingbusse ohne Bäder eignen sich hervorragend für einzelne Camper oder Paare, die gemeinsam ein Abenteuer erleben und die Natur genießen möchten. Dabei ist es egal, ob du dauerhafte Campingtrips planst oder nur ab und zu über das Wochenende verreisen möchtest.

Campingbusse mit Dachbett und Bad – Luxus für unterwegs

Neben den gängigen Campingbussen gibt es auch noch Busse mit einem GfK-Hochdach. Dieses Hochdach erlaubt es dem Besitzer einerseits, aufrecht im Fahrzeug stehen zu können, und andererseits kann hier weiterer Stauraum sowie das eine oder andere Bett seinen Platz finden. Die Grundfläche des Fahrzeugs an sich lässt sich dadurch voll nutzen – auch ein kleines Bad kann unproblematisch im „Erdgeschoss" verbaut werden.

Dadurch, dass das Hochdach weiteren Platz und somit quasi eine weitere Etage in das Fahrzeug einbringt, ist insbesondere das Verreisen mit mehr als zwei Personen gut möglich: Denn selbst, wenn oben im Bett gelegen wird, steht unten noch reichlich Platz zum Sitzen und Verweilen bereit. Somit eignen sich Campingbusse mit Dach und Bad auch hervorragend für den Urlaub mit der Familie. Damit auch der Kaffee am Morgen nicht fehlt oder abends gemeinsam gekocht werden kann, verfügen Campingbusse mit Hochdach und Bad in der Regel über eine Küche, welche auf ein Podest aufgebaut wird. Unter jenem Podest findet sich erneut Stauraum sowie Platz für Frisch- und Abwassertanks, die praktischerweise durch die Platzierung im Fahrzeug selbst vor Frost geschützt sind. Ein Grund, wieso Camping-Vans mit festverbauten Hochdächern nicht für jede*n die richtigen Camping-Fahrzeuge sind, ist mitunter der Preis. Ein fahrzeugspezifisches GfK-Dach erhöht einfach den Aufwand und somit auch die Kosten. Ein weiterer Grund ist die nicht allzu große Flexibilität im Campingbus mit Bad und Hochdach, denn ein fest verbautes Bad, eine feststehende Küche und auch das eine oder andere Bett sorgen dafür, dass die Struktur im Wagen selbst nicht kurzerhand geändert werden kann und größere Transportvorhaben mangels flexibler Einteilung an Grenzen stoßen.

Campingbusse mit Bad und Heck-Bett – bezahlbarer Komfort

Einen klassisch-ausgebauten Campingbus mit Bad und Heck-Bett kannst du dir folgendermaßen vorstellen: Vorne im Wagen befinden sich drehbare Fahrersessel, welche für die Fahrt fest nach vorne positioniert werden und im Stand ganz einfach ins Innere des Wagens ausgerichtet werden können. Hinter den Fahrersesseln befindet sich eine kleine Sitzgruppe. Im hinteren Teil des Wagens befindet sich ein Querbett. Zwischen Sitzgruppe und Bett lässt sich kompakter Platz für den Sanitärbereich, die Küche sowie weiteren Stauraum finden. Unter dem Heck-Bett befindet sich außerdem zusätzlicher Stauraum, welcher durch die Öffnung der Kofferraum-Tür erreichbar ist. Hier finden auch Hunde als Reisebegleiter einen komfortablen und geräumigen Schlafplatz. Jene Campingbusse mit Bad und Heck-Bett lassen sich zu günstigeren Grundpreisen erstehen, als es bei Campingbussen mit festmontierten Hochdächern der Fall ist. Auch ist der Schlafkomfort dieser Camping-Van-Art besonders hoch, insbesondere dann, wenn Einzelbetten verbaut werden. Sollten lediglich zwei Personen mit dem Camping-Van verreisen, bietet dieser gute Verstaumöglichkeiten und das Fahrzeug kann Tag und Nacht ohne große Umbauten genutzt werden.

Kommen wir zu den kleineren Nachteilen des Campingbusses mit Heck-Bett und Bad. So sind vor allem die Querbetten nichts für große Menschen, denn das Bett kann schlussendlich nur so lang sein, wie das Fahrzeug breit ist. Dies ist ein Grund dafür, dass immer mehr Längst-Betten verbaut werden. Auch hochklappbare Bett-Erweiterungen liegen voll im Trend und lassen sich gegebenenfalls sogar nachträglich nachrüsten. Auch die Sitzgruppe im vorderen Teil des Fahrzeugs fällt in der Regel nicht so geräumig aus, wie es bei anderen Campingbus-Modellen der Fall ist. Ein weiterer kleiner Nachteil ist der Platz, denn dadurch, dass sich das Bett im Heck befindet, ist die Erhöhung des Fahrzeugdaches nicht zwingend notwendig und wird dementsprechend oftmals vermieden, um Kosten zu sparen. Dadurch jedoch ist das aufrechte Stehen für die meisten Menschen zwar möglich, eine komfortable Dusche zum Beispiel lässt sich jedoch nicht in solchen Campingbussen vorfinden.

Campingbusse mit Heck-Bett und Bad eignen sich hervorragend für einzelne Camper oder Paare, denn durch das begrenzte Platzangebot könnte es mit der ganzen Familie etwas eng werden. Insbesondere Personen, die sich viel und gerne im Freien aufhalten und denen das kleinere Platzangebot nichts ausmacht, können mit den erschwinglicheren Campingbussen mit Bett im Heck glücklich werden.

Mini-Mobile – einfaches und günstiges Einsteigermodell

Wer sich noch nicht zu 100 Prozent traut, direkt einen großen Bus auszubauen oder ausbauen zu lassen oder noch gar nicht wirklich weiß, ob der Campingurlaub das Wahre ist, für den eignen sich Mini-Mobile besonders gut. Die größte finanzielle Hürde in den Einstieg in einen Urlaub mit Mini-Mobil stellt dabei die Anschaffung des Fahrzeugs an sich dar. Hierfür muss es nicht direkt ein großer Bus sein – eine (gebrauchte) Hochdachkombi tut es auch schon. Im Anschluss an den Kauf muss das Fahrzeug noch mit passenden Möbeln oder Einsätzen ausgebaut werden, damit im Urlaub nicht auf dem Boden des Autos gelegen werden muss.

Der große Vorteil der Mini-Mobile ist, dass sie sich hervorragend im Alltag nutzen lassen und sich genauso fahren wie der eigene PKW. Einen großen Wendekreis oder einen breiten Radstand muss der Fahrer hier nicht beachten. Auch der meist unkomplizierte Ausbau in Eigenregie kann zwar Herausforderungen mit sich bringen, jedoch kann hier individuell nach Belieben und Ansprüchen gearbeitet werden. Ob dabei mit Verbau-fertigen Elementen gearbeitet wird oder die Möbel alle im „Do it Yourself"-Stil von Hand angefertigt und angepasst werden, kommt ganz auf den oder die Besitzer*in und seine oder ihre handwerklichen Fähigkeiten an. Dadurch, dass das Mini-Mobil besonders klein, im Vergleich zu den gängigen Campingbussen, ist, muss hier ein wenig getrickst und auf- sowie abgebaut werden. Die Heckklappe spielt hier eine wichtige Rolle, denn an ihr können weitere Module für das Camping-Leben, wie zum Beispiel ein Küchenmodul, verbaut werden. Dies sollten Mini-Mobil-Besitzer immer bedenken, denn im Auto selbst ist das aufrechte Stehen unmöglich. Nur unter der offenen Heckklappe, sollte sie sich nach oben hin öffnen, welche wie ein Dach genutzt werden kann, kann der Urlauber oder die Urlauberin aufrecht stehen. Ein weiterer Vorteil von Mini-Mobilen, neben dem geringen Anschaffungspreis, sind die geringen laufenden Kosten. Solange das Fahrzeug normal zugelassen ist, kann es auf dem Grundstück, auf Parkplätzen oder in der Garage abgestellt und ohnehin wie ein Alltags-Fahrzeug genutzt werden.

Schauen wir uns auch einmal die Nachteile eines Mini-Mobils an: So ist natürlich klar, dass der Platz nicht für mehr als zwei Personen ausreichen wird. Auch muss hier vor dem Schlafengehen und nach dem Aufstehen umgebaut werden, damit das Bett nicht den Tag über den Platz in Anspruch nimmt, der für andere Dinge genutzt werden kann. Der Wohnkomfort ist somit, auch durch das Fehlen einer fest-verbauten Nasszelle, nicht ganz so hoch wie in größeren Camping-Fahrzeugen. Darüber hinaus sind Mini-Mobile vorwiegend auf den Sommer-Urlaub ausgelegt, im Winter kann es in der Nacht bitterkalt werden. Und auch bei schlechtem Wetter sind die Möglichkeiten zum Verweilen im Fahrzeug selbst nicht sonderlich groß. Eine Standheizung lässt sich für kalte Tage zwar einfach nachrüsten und gegebenenfalls auch schnell wieder ausbauen, jedoch kann diese auch nichts gegen Regenwetter tun.

Mini-Mobile eignen sich somit hervorragend für eine Person oder für Paare, die gemeinsam mit kleinem Budget einen schönen Campingurlaub verbringen möchten und denen der Komfort im Urlaub nicht allzu wichtig ist. Auch Personen, die das Camping mit eigenem Fahrzeug erst einmal austesten und sich nicht direkt in hohe Kosten stürzen möchten, können von Mini-Mobilen profitieren. Das selbstständige Ausbauen des Fahrzeugs ermöglicht darüber hinaus eine individuelle Anpassung auf die eigenen Bedürfnisse – solange es der vorhandene Platz erlaubt.

Das Budget für den Campingurlaub

Der Campingurlaub hat einen Ruf, besonders günstig und somit häufig und einfach finanzierbar zu sein. Im direkten Vergleich mit Hotelurlauben oder Flugpreisen mag dies definitiv stimmen, jedoch sind auch beim Campingurlaub einige Kosten zu planen und zu kalkulieren, damit das Ende des Urlaubs nicht mit einer bösen Realisation endet. Damit auch du genauestens planen und kalkulieren kannst, findest du nachfolgend die wichtigsten Kosten, die bei der Planung des perfekten Campingurlaubs auf jeden Fall bedacht werden sollten:

1. **Fahrzeugkosten oder Mietgebühren:** Du hast die Qual der Wahl und kannst dich zwischen dem Kauf und dem Mieten eines Campingbusses entscheiden. Hier kommt es ganz auf deine Bedürfnisse an, denn, wem ein Mini-Mobil genügt und wer handwerkliches Geschick besitzt, der kann hier mit günstigen Mitteln viel erreichen. Dennoch setzen allein der Kauf und der Ausbau eines Mini-Mobils bereits einen gewissen Grundpreis von einigen tausend Euro voraus: Je größer und luxuriöser die fahrbare Unterkunft schlussendlich sein soll, desto höhere Kosten müssen selbstverständlich berechnet werden. Anstatt also einen Camping-Van zu kaufen, gibt es außerdem die Möglichkeit, ein solches Fahrzeug für einen bestimmten Zeitraum zu mieten. Ob das Mieten eines Campingbusses die richtige Wahl für dich sein kann, findest du im nachfolgenden Kapitel heraus. Unabhängig davon, ob du schlussendlich mieten oder kaufen möchtest, sind bei beiden Varianten bestimmte Kosten zu beachten. Wer kauft, hat einen einmaligen Anschaffungs- und eventuellen Ausbaupreis zu beachten. Darüber hinaus entstehen aber auch Kosten für Dinge, wie beispielsweise die Wartung oder die Unterbringung außerhalb von Urlaubszeiten. Wer hingegen einen Camping-Van für einen bestimmten Zeitraum mieten möchte, hat keine hohen Anschaffungskosten, sondern zahlt täglich einen festgelegten Mietpreis für das Fahrzeug. Beide Arten der Kosten sollten unbedingt in alle Überlegungen mit einbezogen werden und somit auch Grundlage für die Wahl des Eigentums- oder Miet-Camping-Vans darstellen.

2. **Campingplatz-Gebühren:** Auch, wenn Campingplätze bei weitem nicht einen solch hohen Preis verlangen wie gewisse Hotels, müssen auch hier Kosten eingeplant werden. Genau genommen handelt es sich um Übernachtungsgebühren, die pro Nacht auf dem Campingplatz gezahlt werden müssen. Hier gibt es jedoch eine große Auswahl und eine große Preisspanne, denn nicht jeder Campingplatz verfügt zum Beispiel über WLAN oder auch Spielplätze für den Nachwuchs. Je weniger luxuriös dein Campingplatz sein soll, desto weniger Kosten sind in der Regel einzuplanen.

3. **Der Benzinverbrauch:** Auto fahren ist nicht günstig. Das Fahren mit einem großen Camping-Van, welcher schwer beladen ist und nicht unbedingt das windschnittigste Modell darstellt, kostet in Bezug auf den Benzinverbrauch einen noch höheren Preis. Eben solche Summen sollten für die gesamte Route berechnet und geplant werden. Fährst du zum Beispiel nur zu einem Campingplatz, so fallen die Benzinkosten deutlich günstiger aus, als wenn du den Campingplatz alle paar Tage wechselst, um so deine Reise fortzusetzen. Planst du außerdem kleine Touren für das Sightseeing, zum Einkaufen oder Shoppen, solltest du diese kleineren Fahrten ebenfalls mit berechnen, um keine bösen Überraschungen zu erleben.

4. **Mautkosten:** Je nachdem, wie weit dich deine Reise in die Welt hinaus verschlägt, musst du gegebenenfalls Mautkosten oder Ähnliches einrechnen.

5. **Variable Kosten:** Neben diesen „Fixkosten" gibt es außerdem die variablen Kosten, die du vor Antritt deiner Reise mit dem Campingbus kalkulieren solltest. So fallen die Lebenshaltungskosten in die Sparte der variablen Kosten, denn auch im Urlaub und auch, wenn wir alles selber kochen, müssen wir essen und trinken und jene Nahrungsmittel bezahlen. Darüber hinaus wollen wir in unserem Urlaub ja auch ein bisschen was erleben. Plane also Kosten für die Besuche von Freizeitparks, Museen und anderen Sehenswürdigkeiten vorab ein, um deinen Urlaub mit fahrbarer Unterkunft anschließend in vollen Zügen genießen zu können.

Auch, wenn eine solche Planung nicht immer einfach ist, gibt es grobe Richtlinien und viele Vergleichsportale, die dir bei der Wahl des Campingplatzes und auch des gemieteten Campers, solltest du dich hierfür entscheiden, helfen können. **Grundlegend wird gesagt, dass du pro Camper in deinem Fahrzeug ungefähr 10-15€ Fixkosten pro Tag einrechnen solltest.** Solltest du selber kochen und außerhalb des Campingplatzes einkaufen, ist diese Tagespauschale relativ hoch angesetzt, jedoch deckt das übrige Geld so unter anderem Restaurant-Besuche oder Freizeitaktivitäten. Neben dieser Tagespauschale hat die Erfahrung außerdem gezeigt, dass **es immer sinnvoll ist, einen Pufferbetrag von 100€ pro Person einzuplanen**. Es kann einfach immer etwas schief gehen – eine Person kann erkranken, das Fahrzeug kann eine Panne haben oder das Portemonnaie geht verloren. Im Fall der Fälle bist du also immer froh, etwas großzügiger geplant und Rücklagen bereitliegen zu haben.

Ohne Plan planen?

Die Freiheit und die Flexibilität, die sich viele Menschen von einem Campingurlaub versprechen, können schon einmal ein bisschen untergehen, wenn es an die Planung des nächsten Urlaubs mit Camper geht. Hier müssen nicht wenige Dinge bedacht, kalkuliert und geplant werden, um einen erfolgreichen und entspannenden Urlaub ohne böse Überraschungen verbringen zu können. Wie jedoch lässt sich ein Campingurlaub berechnen, der nicht geplant ist?

Einfach den Camping-Van beladen, einsteigen und ab in den Urlaub? Das ist dir mit einem Camping-Van natürlich möglich. Die sogenannten Erkundungscamper legen sich nicht auf einen oder mehrere Campingplätze fest, sondern wollen die Welt unvoreingenommen entdecken und sich dahintreiben lassen, wohin der Wind sie führt. All dies ist definitiv möglich, obwohl es dennoch ratsam ist, sich zuvor zu erkundigen und zu recherchieren, wohin die Reise im Groben gehen soll. Das Erkundungscamping ist dabei nicht deutlich teurer oder günstiger als das geplante Camping. Es bietet sich jedoch an, eine **höhere Tagespauschale zu formulieren und somit ungefähr 20 bis 30 Euro pro Person und pro Tag einzuplanen**. Auch solltest du eine Übersicht parat haben, welche Campingplätze in deiner Nähe vorhanden sind, denn nicht in allen Ländern ist das Wildcamping, also das Abstellen mitten im Wald oder auf irgendeinem Parkplatz, legal. Wenn ihr also am Ende der langen Fahrt müde seid, ist es immer sinnvoll, zu wissen, welcher Campingplatz erreichbar ist und euch einen Schlafplatz für die Nacht bieten kann, damit ihr euch nicht strafbar macht.

Grundlegend gilt für die Planung deines Campingbudgets also: Kalkuliere lieber immer etwas mehr Geld ein, als du denkst, zu benötigen. So vermeidest du die Gefahr von unschönen Überraschungen, Engpässen oder einem frühzeitigen Abbruch deines Urlaubs und kannst diesen in vollen Zügen und ohne nervende Sorgen genießen.

Camper mieten oder kaufen?

Dich juckt es schon in den Fingern und die Internetsuche nach deinem eigenen Campingbus ist bereits im vollen Gange? Dann lies dir erst einmal dieses Kapitel zu Ende! Denn bevor du dich überhaupt fragst, welchen Camping-Van du kaufen sollst, ist es ratsam, zunächst einmal über die Wahl Kaufen oder Mieten nachzudenken. Die Auswahl zwischen diesen beiden Möglichkeiten ist dabei keine Leichte, weswegen wir uns erst einmal genauer anschauen müssen, welche Wahl du schlussendlich hast und was hier die Vor- und Nachteile sind.

Der Camping-Van als Eigentum

Ein eigener Camping-Van, der genau nach den eigenen Ansprüchen und Wünschen gestaltet und ausgebaut ist – das ist doch der Traum eines jeden Camping-begeisterten Menschen, oder nicht? Einen eigenen Campingbus zu besitzen, bringt in erster Instanz einige Vorteile mit sich. So bist du mit einer eigenen fahrbaren Unterkunft so flexibel wie noch nie, denn du kannst auch einfach spontan am Wochenende entscheiden, ins Grüne zu fahren – dein Fahrzeug steht schließlich bereit. Dadurch auch, dass dir dieses Gefährt gehört, kannst du es selbstverständlich so häufig nutzen, wie du möchtest. Wie du bereits weißt, ist das Campen mit eigenem Fahrzeug auch nicht vollkommen frei von Kosten, jedoch halten diese sich, je nach Art deines Urlaubes, stark in Grenzen und lassen sich leicht kalkulieren. Neben dem Vorteil, dass du deinen eigenen Campingbus genauso ausbauen und gestalten (lassen) kannst, wie du möchtest und es benötigst, hast du auch die Möglichkeit, alle Dinge, die du hauptsächlich für das Camping benötigst und die im Alltag eher stören würden, einfach im Fahrzeug selbst zu lagern. Die Garage oder der Keller muss hierfür also nicht herhalten und du hast keine große Arbeit beim Be- und Entladen. Wer einen eigenen Campingbus besitzt, der weiß darüber hinaus, was er hat. Bei gemieteten Campern weißt du selbstverständlich nicht, wer diesen vorher gefahren hat, welche Mängel bestehen und welche Eigenarten das Fahrzeug gegebenenfalls aufweist. Genauso, wie viele Menschen am liebsten mit dem eigenen Auto fahren, bietet auch das Fahren mit dem eigenen Campingbus eine gewisse Sicherheit und Verlässlichkeit, die uns den Urlaub mit noch mehr Ruhe genießen lässt.

Neben all diesen positiven Aspekten eines eigenen Camping-Vans gibt es natürlich auch den einen oder anderen Nachteil, den du beachten solltest. So ist der erste Nachteil der – oftmals sehr hohe – Anschaffungspreis eines Camping-Vans, insbesondere dann, wenn es sich um einen Neuwagen handelt und du auf besonders luxuriöse oder individuelle Ausbauten bestehst. Neben diesen einmaligen hohen Anschaffungskosten gibt es darüber hinaus, wie bei einem normalen PKW auch, laufende Kosten, die nicht vergessen werden sollten. So muss auch ein Camping-Van ausreichend versichert sein, einen Stellplatz haben und ab und zu durch den TÜV, in die Inspektion, in die Werkstatt oder benötigt einen neuen Satz Reifen. Ein weiterer Nachteil des Besitzes eines eigenen Campingbusses ist die Reinigung, denn der Urlaub hört nicht mit der Ankunft zuhause auf, sondern erst dann, wenn die fahrbare Unterkunft gereinigt ist – und das von innen wie außen. Einmal im Jahr sollte der Camping-Van darüber hinaus eine Grundreinigung erhalten: Dies kann idealerweise dann vorgenommen werden, wenn das Fahrzeug winterfest gemacht wird. Du siehst also: Einen eigenen Campingbus zu besitzen, hört sich zwar in erster Instanz toll an, jedoch ist hier einiges zu beachten.

Der Camping-Van als Mietwagen

Wer ein Wohnmobil mietet, der hat über das Jahr verteilt keine laufenden Kosten. Er oder sie muss nicht für den Stellplatz zahlen oder darauf achten, dass der TÜV immer aktuell ist. Das Mieten eines Camping-Vans kannst du dir dabei fast genauso vorstellen wie das

Mieten eines gewöhnlichen PKWs. Du suchst die beste Option für dich aus, fragst an, unterschreibst den Mietvertrag und hinterlegst eine Kaution – und schon kannst du deinen temporär-eigenen Campingbus abholen und mit ihm auf Reisen fahren. Solltest du unterwegs eine Panne haben, sorgt jene Campingvermietung oftmals für die Lösung des Problems oder stellt dir unter Umständen ein Ersatzfahrzeug zur Verfügung. Hier endet aber auch schon der Vergleich mit dem Mieten eines gewöhnlichen PKWs, denn die Mietkosten für einen Camping-Van sind natürlich deutlich höher als die Mietkosten für einen kleinen City-Flitzer. Dennoch sind die Kosten für die eigene Anschaffung eines Camping-Vans noch einmal deutlich höher. Insbesondere Menschen, die nicht viel Zeit für Urlaub haben und dennoch nicht auf das Erlebnis im Camping-Van verzichten möchten, profitieren vom Mieten. So besteht kein schlechtes Gewissen, wenn die fahrbare Unterkunft nur einmal im Jahr genutzt wird und die restliche Zeit auf dem Stellplatz auf seinen nächsten Einsatz wartet. Ein weiterer Vorteil des Mietens eines Campingbusses ist die Reinigung, welche in der Regel inklusive ist. Das bedeutet, dass du nach Ende deines Urlaubs nur noch deine sieben Sachen wieder aus dem Fahrzeug heraustragen musst und es wieder abgeben kannst. Um die Reinigung und das Abstellen des Fahrzeuges kümmert sich der Vermieter – praktisch, oder?

Neben all diesen Vorteilen gibt es selbstverständlich auch den einen oder anderen Nachteil. Ein großer Nachteil sind die fehlende Flexibilität und Freiheit, die wir uns doch eigentlich vom Camping wünschen. So ist es beim Mieten nicht einfach möglich, spontan loszufahren oder den Urlaub zu verlängern. Die Bedingungen im Vertrag müssen eingehalten werden. Auch kann es vorkommen, dass in dem Zeitraum, in dem du Urlaub machen möchtest, kein passendes Fahrzeug vorhanden ist oder es nur für einen Zeitraum zu mieten ist, der länger ist als dein Urlaub. Das liegt daran, dass sich der Aufwand des Mietens eines Camping-Vans für kurze Wochenendtrips, insbesondere für den Vermieter, nicht wirklich lohnt. Deswegen sind Camping-Vans oftmals nur für längere Zeiträume, zum Beispiel für mindestens eine oder zwei Wochen, zu mieten. Ein weiterer Nachteil des Mietens ist, dass du zwar Modell und grobe Ausstattung auswählen kannst, wie genau das Innere deines Camping-Vans hinterher aussieht, liegt jedoch nicht in deiner Macht. Wenn dir die Inneneinrichtung nicht zusagt, heißt es manchmal nur noch „Augen zu und durch" – ob dein Urlaub dann genauso toll wird, wie du ihn dir vorgestellt hast, liegt schlussendlich an dir und an deiner Fähigkeit, kleine Unstimmigkeiten oder Möbel, die nicht deiner Ästhetik entsprechen, auszublenden. Auch kann es leider vorkommen, dass du Mängel im Miet-Camping-Van entdeckst, die von vorigen Urlauben durch dir fremde Menschen entstanden sind und dem Vermieter bei der Übergabe nicht aufgefallen sind. Befindet sich zum Beispiel ein Leck im Wasserbehälter oder ist die Toilette nicht gründlich genug gereinigt, kann dies schon einmal einen etwas holperigeren Start in den Urlaub bedeuten. Nachfolgend findest du die Vor- und Nachteile vom Kaufen und Mieten eines Campingbusses noch einmal übersichtlich in Form einer Tabelle aufgeführt:

Camper kaufen	Camper mieten
+ Jederzeit abfahrbereit	+ Keine Anschaffungskosten
+ An keine festen Zeiten gebunden = größere Freiheit und Flexibilität	+ Keine laufenden Kosten
+ Häufige Fahrten ohne Merkosten möglich	+ Keine zusätzlichen Kosten, wie TÜV und Inspektionen
+ Möglichkeit von Wochenend-Trips	+ Kein Stellplatz notwendig
+ Camper aus Stauraum außerhalb des Urlaubs, das Be- und Entladen entfällt	+ Keine Reinigung und Notwendigkeit des Winterfest-Machens
+ Kein Fremdgebrauch, nur du nutzt deine Ausstattung	+ Kein schlechtes Gewissen, sollte nur einmal im Jahr Urlaub gemacht werden können
+ Inneneinrichtung und -Ausstattung kann genau nach deinem Geschmack gestaltet werden	+ Testen und Anschauen des Modells und der Ausstattung sind in der Regel möglich
- Hohe Anschaffungskosten	- Keine Kurztrips möglich
- Laufende Kosten	- Verhältnismäßig hohe Mietkosten

- Kann nicht immer in Nähe des eigenen Zuhauses abgestellt werden	- Reisezeitraum abhängig vom Mietaufkommen
- Fahrzeug muss regelmäßig gereinigt werden, innen und außen	- Gewünschtes Fahrzeug kann eventuell bereits ausgebucht sein
- Lange Lieferzeiten oder aufwändiger Eigenausbau	- Keine Auswahl bei Innenausstattung und Design

Das Campersharing

Eine weitere Möglichkeit für den Urlaub mit einem Campingbus stellt das sogenannte Camper-Sharing dar. Hierbei handelt es sich sozusagen um einen Kompromiss aus Kaufen und Mieten, der einige Vorteile mit sich bringen kann. Beim Camper-Sharing tun sich mehrere Personen zusammen und kaufen gemeinsam einen Campingbus. Das kann eine Freundesgruppe, eine Familie oder auch ein Zusammenschluss aus völlig fremden und dennoch gleichgesinnten Menschen sein. Gemeinsam werden sich dabei nicht nur die Anschaffungskosten, sondern auch die laufenden und punktuellen Kosten geteilt, wodurch der Preis, den jeder einzelne zahlt, enorm sinkt. Der Nachteil ist jedoch, dass natürlich mehrere Personen Anspruch auf den Camping-Van haben. Das bedeutet, das in erster Instanz die Frage der Optik, des Designs und der Ausstattung nicht nur von dir selbst, sondern von einer Gruppe von Menschen beantwortet werden muss. Unterschiedliche Geschmäcker und unterschiedliche Ansprüche bedeuten schlussendlich, dass es hier schwierig werden könnte, die goldene Mitte zu finden. Auch die Planung des Urlaubs ist etwas schwieriger, wenn viele Menschen in jener verwickelt sind. So kann es vorkommen, dass zwei Personengruppen gleichzeitig verreisen möchten, jedoch nur Platz für eine Gruppe besteht. Kompromisse müssen gefunden werden, jedoch ist das Camper-Sharing an sich bereits ein Kompromiss, wodurch die Besitzer des Camping-Vans überhaupt erst die Möglichkeit erhalten haben, mit einer solchen fahrbaren Unterkunft zu verreisen. Solltest du dich für das Camper-Sharing interessieren, ist es definitiv ratsam, dies ausschließlich mit Menschen zu tun, von denen du weißt, dass euch die gleichen Dinge wichtig sind, dass sie zuverlässig sind und dass ihr euch gut einigen und organisieren könnt. Ansonsten könnte der Traum vom eigenen (geteilten) Camper schnell zum Albtraum werden.

Insbesondere Neulinge im Bereich Camping wissen oftmals noch nicht genau, ob diese Art des Urlaubs überhaupt etwas für sie ist. In solch einem Fall ist es definitiv nicht ratsam, direkt in einen eigenen Camper zu investieren, selbst wenn die Finanzen vorhanden sein sollten. Vielmehr bietet es sich an, für die ersten paar Urlaube auf dem Campingplatz einen Campingbus zu mieten. So kann ausgetestet werden, ob der Camping-Lifestyle das Richtige für einen ist. Und es wird schneller bewusst, was wirklich im Campingbus benötigt wird oder nicht. Während die einen also merken, dass die Sanitäranlagen auf dem Campingplatz vollkommen ausreichen und somit ein eigenes WC im Fahrzeug gar nicht notwendig ist, merken wieder andere, wie wichtig ihnen ein Hochdach oder die Küchenzeile sein kann und dass sie darauf im zukünftigen eigenen Camper niemals verzichten würden.

Neuer Camper vs. gebrauchter Camper

Wenn das Mieten eines Campingbusses für dich keine Option ist, denn du hast vor, so oft, so spontan und so frei wie möglich mit deinem eigenen Campingbus in den Urlaub zu fahren, stellt sich nun die Frage, ob der zukünftige Camper ein Neuwagen sein sollte oder ob du ihn lieber gebraucht kaufen kannst. Auch hier schauen wir uns einmal die Vor- und Nachteile an, damit du anschließend eine grundierte Entscheidung treffen kannst, die du hoffentlich niemals bereuen wirst.

Fangen wir mit dem Kauf eines neuen Campingbusses an. Hier gibt es einige Vorteile, von denen du profitieren kannst. So bist du der Erstbenutzer und niemand hat bisher im Bett gelegen, auf dem WC gesessen oder den Stauraum befüllt. Diese Tatsache gibt vielen Menschen ein Gefühl des Eigentums, denn vor dir hat keine andere Person diesen Campingbus besessen. Darüber hinaus kannst du genau das Modell, die Ausstattung und das Design wählen, was dich am meisten anspricht. Je nachdem, wie du deine Campingurlaube angehen möchtest, kann dies ein wichtiger Punkt sein. Wenn du dich zum Beispiel zu den Erkundungscampern zählst und am liebsten einfach drauflosfahren und die Freiheit genießen möchtest, ist es ratsam, ausreichend Stauraum sowie Wassertanks und ein WC einzubauen, denn auf langen Reisen ohne Campingplatz kann dies schon einmal notwendig sein. Auch kannst du bei einem neuen Camping-Van genau mit einplanen, mit wie vielen Personen es auf die Reise gehen und ob zum Beispiel auch Platz für den Hund vorhanden sein soll oder nicht. Ein weiterer Vorteil des Neukaufs ist die Gewährleistung, die dir vom Händler zusteht. Das bedeutet, dass du diverse Herstellergarantien hast, wie zum Beispiel eine Dichtheitsgarantie, und diese geltend machen kannst, sollten Teile des Fahrzeugs nicht das halten, was dir versprochen wurde.

Kommen wir zu den Nachteilen des Neukaufs eines Camping-Vans. Der wohl größte Nachteil ist ganz einfach der Preis. Genauso wie ein neuer PKW mehr kostet als ein Gebrauchter, ist auch ein neuer Camping-Van deutlich teurer in der Anschaffung als jene Modelle, die schon einige Urlaube hinter sich gebracht haben. Darüber hinaus musst du auch hier mit einem hohen und schnellen Wertverlust rechnen, denn je mehr du den Camping-Van nutzt – und du willst ihn vermutlich häufig nutzen –, desto mehr Verschleiß lässt sich sehen und desto geringer ist der Preis, für den du das Fahrzeug schlussendlich weiterverkaufen könntest. Während der historische VW-T1-Bus mit den Jahren immer wertvoller wird und eine gute Wertanlage darstellt, ist dies bei neuwertigen und modernen Campingbussen nicht der Fall. Ein weiterer Nachteil beim Neukauf eines Camping-Vans ist, dass hier lange Wartezeiten einzukalkulieren sind. Dadurch, dass die Fahrzeuge auf deine Wünsche individuell gestaltet werden, benötigen die Händler und Hersteller auch schon einmal bis zu zwölf Monate lang Zeit, bis du deinen eigenen neuen Campingbus endlich nutzen und mit ihm in den Urlaub fahren kannst. Geduld spielt hier also auch eine wichtige Rolle.

Wer einen gebrauchten Campingbus kaufen möchte, der steht erst einmal vor einer ganz anderen Aufgabe als jene Person, die einen neuen Campingbus kaufen möchte. Während beim Neukauf eines Campers zunächst die eigenen Wünsche am wichtigsten sind und „lediglich" mit dem Preis kombiniert werden müssen, den die Person bereit ist, zu zahlen, geht es beim Kauf eines gebrauchten Campers erst einmal um die Suche an sich. So stellt sich die Frage, ob der gebrauchte Camper privat oder vom Händler gekauft werden sollte. Beide Optionen sind möglich, jedoch entscheidet oftmals die relativ kleine Auswahl an den Verkäufern. Hier ist zu bedenken, dass Händler oftmals kleinere Garantien geben können und somit Mängel am Fahrzeug innerhalb des ersten Jahres nach dem Kauf gegebenenfalls behoben werden können. Bei einem Privatkauf ist dies in der Regel nicht der Fall. Während der Kauf eines gebrauchten PKWs stark von der bereits gefahrenen Kilometeranzahl bestimmt wird, ist dieses Merkmal für den Kauf eines gebrauchten Campers nicht unbedingt ausschlaggebend. Dadurch nämlich, dass Camper hauptsächlich für Urlaube genutzt werden und nicht den alltäglichen Einkauf oder die Fahrten zur Arbeitsstelle bewältigen müssen, bleibt der Kilometerstand oftmals gering, obwohl das Fahrzeug schon etwas älter ist. Auch ist bei Campingbussen oftmals mit weniger Verschleiß zu rechnen, als man bei einem PKW im gleichen Alter vermuten würde. Das liegt daran, dass Campingurlaube überwiegend im Sommer stattfinden. Streusalz zum Beispiel, wie es nur im Winter zum Einsatz kommt, kann dem Fahrzeug nichts anhaben, denn im Winter wird der Camper in der Regel geschützt abgestellt. Darüber hinaus gelten Camping-Vans als Luxusartikel. Sie sind keine Alltagsgegenstände wie ein Auto, sondern werden im Idealfall gut und nachhaltig gepflegt, sodass hier nur wenig Mängel bei gebrauchten Campingbussen zu erkennen sind. Insbesondere bei einem privaten Kauf eines gebrauchten Campers lassen sich hier jedoch auch wieder Nachteile erkennen. So sieht das ungeübte Auge nicht unbedingt, ob es undichte Stellen gibt – dies wird erst bewusst, wenn die Füße im ersten Urlaub nass geworden sind. Auch sind ältere Motoren in gebrauchten Camping-Vans problematisch, da sie nicht überall zugelassen sind und die Gefahr besteht, dass der Besitzer zum Beispiel nicht in die Innenstadt fahren darf, da diese als Umweltzone gilt. Der wohl größte Nachteil ist die Tatsache, dass du den Camper nicht individuell gestalten und ausbauen lassen kannst. Stattdessen gilt es, in, oftmals aufwändigen, Recherchen das Modell zu finden, das am ehesten an deine Vorstellung herankommt. Hier gilt es gegebenenfalls, selbst kreativ zu werden und Hand anzulegen. Dadurch, dass du durch den Kauf eines gebrauchten Campers eine Menge Geld gespart hast, kannst du dieses natürlich nach Belieben in den Ausbau und die Individualisierung deines eigenen Campingbusses stecken.

Nachfolgend werden dir die Vor- und Nachteile eines Neukaufs und des Kaufs eines gebrauchten Campingbusses noch einmal übersichtlich aufgelistet, sodass du auch hier eine grundierte Entscheidung treffen kannst.

Kauf eines neuen Campingbusses	Kauf eines gebrauchten Campingbusses
+ Du bist Erstbenutzer	+ Camper werden hauptsächlich für den Urlaub genutzt = durchschnittlich geringere Kilometerleistung
+ Du kannst das Fahrzeug individuell gestalten und ausbauen	+ Camper sind Luxusartikel und werden dementsprechend gut gepflegt
+ Du profitierst von Gewährleistungsansprüchen, die du dem Händler gegenüber hast	+ Urlaube finden meistens im Sommer statt, Streusalz und Winterwetter hat der Camper in der Regel am Abstellplatz gemieden
- Hohe Kosten	- Ältere Motoren sind problematisch in Umweltzonen und bei Fahrverboten
- Hoher Wertverlust	- Gefahr von undichten Aufbauten
- Lange Wartezeiten	- Abstriche bei Ausstattung und Design, veraltete Ausstattung

Camper mieten

Anstatt einen Campingbus zu kaufen, sei es neu oder gebraucht, entscheidest du dich lieber dafür, zunächst einen Campingbus für einen Urlaub zu mieten. Insbesondere dann, wenn du noch nicht viele Campingurlaube verbracht hast, ist dies eine weise Entscheidung. So kannst du austesten, wie das Leben und Urlauben im Camper ist. Und mit Sicherheit wird dir auch bewusst, was dir im Urlaub wirklich wichtig ist und worauf du bei einem eventuellen zukünftigen Kauf niemals verzichten könntest. Einen Campingbus zu mieten, ist dabei aber eine Angelegenheit, bei der die eine oder andere interessierte Person schon einmal Schweißausbrüche bekommen und das gesamte Vorhaben wieder abbrechen kann, denn nicht selten stecken in Verträgen und Informationen viele Klauseln oder Regeln, die sich gar nicht so einfach verstehen lassen. Damit dein Urlaub mit deinem ersten Miet-Campingbus also nicht floppt und ein voller Erfolg wird, findest du im Anschluss die wichtigsten Dinge, die du beim Mieten eines Campers beachten solltest.

Das sind die Voraussetzungen, damit du überhaupt einen Campingbus mieten kannst:

1. **Du musst dich im richtigen Alter befinden:** Beim Mieten eines Campers kommt es, wie beim PKW auch, auf das Alter an. Das Mindestalter liegt hierbei in der Regel zwischen 21 und 25 Jahren, wobei das Mieten von besonders luxuriösen und großen Wohnmobilen oftmals erst ab einem Alter von 25 Jahren erlaubt wird. Das Höchstalter liegt bei 75 Jahren. Solltest du dich also an der Unter- oder Obergrenze befinden, solltest du vor der Anfrage dringend prüfen, wie genau die Richtlinien des jeweiligen Anbieters sind.

2. **Der Führerschein:** Vorweg muss einmal gesagt werden, dass ein Führerschein die Grundvoraussetzung für das Fahren eines Camping-Vans, egal ob gemietet oder gekauft ist. Solltest du keinen Führerschein besitzen, kannst du zwar einen Camping-Van kaufen, die Miete eines Campers wird dir jedoch nicht erlaubt. Darüber hinaus muss die bestandene Fahrprüfung mindestens ein Jahr zurückliegen, Fahranfänger werden bei großen und nicht-wendigen Fahrzeugen ungern gesehen oder schlagen sich im Preis nieder. Für das Fahren eines Campingbusses genügt übrigens der ganz normale Führerschein. Dadurch, dass die Fahrzeuge ohnehin nicht schwerer beladen werden dürfen als 3,5 Tonnen, darfst auch du sie mit einem gewöhnlichen Führerschein ohne Zusatzqualifikationen fahren.

3. **Die Finanzen:** Auch das Mieten eines Campingbusses ist mit höheren Kosten verbunden. So zahlst du eine Tagespauschale sowie oftmals auch eine Kilometerpauschale und hinterlegst in der Regel eine Kaution. Auch dieses Geld sollte gut geplant und vorbereitet sein, damit nicht kurz vor Knapp etwas schiefgehen kann.

Wenn all diese Voraussetzungen erfüllt sind, geht es nun an die Suche des eigenen Miet-Camping-Vans. Hierfür hast du mehrere Optionen, die wir uns im Anschluss einmal genauer ansehen werden:

Mieten über Camper-Vermittlungs-Agenturen

Die sogenannten Campingbus-Vermittlungs-Agenturen sind eine sinnvolle Anlaufstelle, wenn du einen Camping-Van mieten möchtest. Hier handelt es sich um professionelle Anbieter, die dich bei der Wahl des passenden Fahrzeugs beraten und auch während deines Urlaubs erreichbar sind und bei Problemen oder Fragen helfen können. Der Vorteil hier ist die große Auswahl an Modellen und auch der Preisklasse. Auch ist ein Pluspunkt, dass die Mietfahrzeuge in der Regel nicht älter als ein paar Jahre sind und regelmäßigen Kontrollen unterzogen werden. Darüber hinaus können über Vermittlungs-Agenturen zusätzliche Optionen, wie beispielsweise die Campingküche, Handtuch-Sets oder der Fahrradträger, mitgebucht werden. Die Übernahmeorte und Abgabeorte für die Camper befinden sich dabei in der Regel in größeren Städten, sodass du auch bei dir in der Nähe einen passenden Vermittler finden solltest. Dadurch, dass das Mieten eines Campingbusses hier ausschließlich mit Verträgen und zusätzlich buchbaren Versicherungen vonstattengeht, kann dich in deinem Urlaub eigentlich nichts aus der Ruhe bringen, denn für jedes Problem findet die Agentur eine Lösung.

Lokale Vermieter von Campingbussen

Lokale Vermieter von Campingbussen vermieten diese oftmals nicht nur, sondern verkaufen auch bestimmte Modelle. Dabei gehören sie selten zu Agenturen oder Ketten, sondern sind eigene kleine Betriebe, die du in deiner Nähe finden kannst. Der große Vorteil von lokalen Vermietern von Campingbussen ist, dass du nach Mieten eines Camping-Vans einen direkten Ansprechpartner hast, solltest du dich dafür entscheiden, in eine eigene fahrbare Unterkunft zu investieren. Auch hier wird mit Versicherungen und zusätzlich buchbaren Optionen, wie z.B. Kindersitzen oder Fahrradträgern, gearbeitet. Der einzige Nachteil ist jedoch, dass du, abhängig von deinem Wohnort, gegebenenfalls keinen lokalen Vermieter von Campingbussen in deiner Nähe hast und somit einen weiteren Weg hinter dich bringen musst. Das Mieten über lokale Vermieter fühlt sich jedoch etwas weniger bürokratisch an, als es bei Agenturen der Fall ist. So werden Versicherungen meist vor Ort abgesprochen und versteckte Kosten treten seltener auf.

Camper-Sharing-Plattformen

Camper-Sharing-Plattformen sind Webseiten, auf denen Privatpersonen ihren Campingbus an andere Privatpersonen vermieten können. Insbesondere, wenn du an einem ganz bestimmten Camper-Modell interessiert bist und dieses über eine Camper-Sharing-Plattform gefunden hast, lohnt sich das Mieten hierüber. Darüber hinaus helfen dir die Bewertungen anderer Campingurlauber*innen sowie die Beschreibung der Fahrzeugdetails bei der Wahl des besten Camping-Vans für dich. Während Agenturen oder lokale Vermieter oftmals nur höchst moderne Campingbusse parat haben, kann es bei Camper-Sharing-Plattformen schon einmal vorkommen, dass du wahre Schätze findest und mieten kannst und dadurch mit besonders ausgefallenen, alten oder Retro-Modellen über die Straßen fahren kannst, nach denen sich andere Autofahrer den Kopf umdrehen. Ein weiterer Vorteil dieser privaten Vermietung über Plattformen ist, dass du eventuell gar keinen weiten Weg zu deinem Miet-Campingbus zurücklegen musst. Vielleicht hast du Glück und dein nächster Miet-Campingbus steht zwei Straßen weiter in der Garage und wartet auf dich. Sobald du über jene Plattformen ein passendes Fahrzeug ausgewählt hast, schickst du eine Anfrage und hast auch die Möglichkeit, den Vermieter näher kennenzulernen und ihm Fragen zu stellen. Das Buchen über die Plattformen sorgt für glatte Abläufe und vermeidet böse Überraschungen.

Auch wenn auf den Camper-Sharing-Plattformen mit der Vermietung von privaten Campingbussen geworben wird, ist dies oft nicht ganz problemlos. Genau genommen bräuchten alle vermieteten Fahrzeuge dann nämlich eine Zulassung als Selbstfahrer-Vermietungsfahrzeug, damit im Falle eines Schadens die Versicherung greift und im Fall der Fälle die Kosten übernimmt. Ein Großteil der Camper-Sharing-Plattformen sichert die vermieteten Camping-Vans deswegen über die Vermittlungsportale an sich ab. Achte jedoch auf die Konditionen und lies dir Verträge und Absprachen genau durch.

Privates Mieten von Campingbussen

Deine Tante hat einen Camping-Van, welcher gerade nicht benötigt wird? Dann frag sie doch einfach mal, ob du ihn dir nicht für zwei Wochen schnappen und ausführen kannst. Wohnmobile privat zu mieten, kann über den Bekanntenkreis oder auch über andere Online-Portale, in denen Privatpersonen ihren Camping-Van anbieten, eine gute Idee sein, jedoch ist hier einiges zu beachten. So ist es immer ratsam, selbst bei Familienmitgliedern einen Vertrag festzulegen und bestimmte Stichpunkte aufzuschreiben. Darüber hinaus ist insbesondere die Versicherung ein großes Problem bei der privaten Vermietung unter Freunden oder der Familie. Es wird grundlegend davon abgeraten, Campingbusse privat zu mieten oder zu vermieten. Hier gibt es zu viele Variablen, die einzurechnen sind und die schief gehen könnten.

Mieten eines Campers auf dem Campingplatz

Du möchtest die Freiheit auf dem Campingplatz genießen, aber die Anreise mit einem Campingbus ist dir bereits viel zu stressig? Dann hast du die Möglichkeit, einen feststehenden Campingbus auf einem Campingplatz zu mieten. Dies bietet dir einige Vor- und auch Nachteile. So fährst du mit deinem ganz normalen PKW in den Urlaub und kannst diesen vor Ort unproblematisch nutzen, um einzukaufen oder kleinere Touren zu unternehmen. Der gemietete Camping-Van fungiert währenddessen wie ein Mini-Ferienhaus, denn er bleibt vor Ort stehen und muss nicht transportiert und abgestellt werden. Wer das Camping erst einmal ausprobieren möchte und sich noch nicht an das Fahren mit großen Bussen traut, für den eignet sich diese Optionen ganz besonders. Auch fallen Versicherungskosten weg, wenn du mit deinem Mietcampingbus gar nicht auf den Straßen unterwegs bist und dementsprechend nicht für Unfallschäden oder ähnliches abgesichert sein musst. Gleichzeitig bist du natürlich an diesen einen Campingplatz gebunden und kannst nicht von Ort zu Ort reisen, hierfür müsstest du auf jedem neuen Campingplatz eine neue Unterkunft buchen, aber auch das ist natürlich mit etwas Organisation möglich.

Mit dem Miet-Wohnmobil ins Ausland

Das Camping mit eigenem Camper bietet sich zwar insbesondere in der näheren Umgebung an, jedoch haben viele campingbegeisterte Menschen den Traum, auch ins Ausland zu fahren und zum Beispiel am Strand Frankreichs zu stehen oder die skandinavischen Länder zu erkunden. Doch stellt sich hier oftmals die Frage, ob der Campingbus bereits vor Antritt der Reise gemietet werden sollte oder ob es sinnvoller ist, das Fahrzeug erst vor Ort zu mieten und damit die Umgebung zu erkunden. Hier kommt es ganz auf deine Intention an. Zunächst solltest du dir die Frage stellen, ob du den Urlaub ausschließlich an diesem einen Ort verbringen möchtest oder ob du die Reise zu diesem Ort bereits zu deinem Urlaub machen möchtest. Hier kommt es natürlich auf den Zeitrahmen und auch auf die Kosten an. Wenn du nur eine Woche Urlaub hast, bietet es sich natürlich eher weniger an, den Camper zuhause zu mieten und damit drei Tage nach Frankreich zu fahren, um wieder nach drei Tagen nach Hause zu fahren – ohne lange in Frankreich gewesen zu sein. Auch ist der Preis hier ein weiterer Faktor. Vergleiche, wie hoch der Mietpreis des Campers plus Benzinkosten, Mautgebühren und Campingplatzübernachtungen im Vergleich zu anderen Anreisemöglichkeiten ist und welche Option sich eher anbietet. Auch solltest du prüfen, ob die Vermietung von Campern in Deutschland es erlaubt, dass du grenzübergreifend mit diesen unterwegs bist. Dies ist zwar meistens der Fall, jedoch solltest du hier immer besonders genau im Vertrag nachlesen.

Versicherung für den eigenen Camper

Einen Campingbus zu kaufen, ist meistens keine günstige Angelegenheit. Damit deine Investition auch gut versichert ist, geht es in diesem Kapitel um Versicherungen für deinen eigenen Camper. Eine Campingbus-Versicherung ist nämlich nicht mit einer Versicherung für einen gewöhnlichen PKW zu vergleichen und unterscheidet sich in einigen Punkten von dieser. So ist die Höhe des finanziellen Schadens, solltest du mit deinem Campingbus einmal in einen Unfall verwickelt sein, in der Regel deutlich höher als bei einem PKW. Neben Schäden am Glas können auch Schäden im Inneren des Fahrzeuges entstehen, welche ebenfalls von der Versicherung mit aufgegriffen werden sollten. Auch ist ein Camper deutlich schwerer als ein PKW, wodurch die Aufprallwucht, bei einem Auffahrunfall zum Beispiel, deutlich höher ist und höhere Schäden verursachen kann. Darüber hinaus ist der Camping-Van für viele Besitzer ein Zweitwagen und wird nur für den Urlaub genutzt, weswegen auch die Camping-bus-Versicherung in der Regel die Absicherung eines Zweitwagens bezeichnet. Auch wenn Auffahrunfälle mit Camping-Vans verheerend sein können, haben Statistiken gezeigt, dass Camper grundlegend weniger Auffahrunfälle verursachen. Das liegt an der geringeren Höchstgeschwindigkeit, für die die großen Fahrzeuge zugelassen sind. Darüber hinaus ist der Campingbus für den Besitzer oftmals ein wahrer Luxusartikel – durch den hohen Anschaffungspreis wird in der Regel auch umsichtiger gefahren. Auch diese Faktoren werden bei Versicherungen für Camper mit einbezogen. Ein weiterer Faktor, der in den Preis von Camping-Van-Versicherungen mit einspielt, ist der Stellplatz. Denn während der gewöhnliche PKW schon einmal in der Einfahrt oder an der Straße abgestellt wird und dementsprechend nicht nur dem Wetter, sondern auch der Gefahr von Einbrüchen oder Diebstählen ausgesetzt ist, werden Campingbusse in der Regel an geschützten Stellplätzen abgestellt.

Schlussendlich kann der Campingbus-Besitzer eine Versicherung nicht vermeiden – und das ist die **Wohnmobil-Haftpflichtversi-cherung**. Diese deckt alle Personen-, Vermögens- und Sachschäden ab, die du mit deinem Wohnmobil Dritten zufügen könntest. Die Versicherungssumme der Anbieter liegt hier üblicherweise bei 100 Millionen Euro. Bei Personenschäden variieren jedoch die Deckungs-summen, je nach Assekuranz werden zwischen acht und 15 Millionen Euro pro geschädigte Person gezahlt.

Nachdem die Haftpflichtversicherung für den Camper abgeschlossen ist, gilt es noch, sich zwischen einer **Teil- und Vollkaskoversi-cherung** zu entscheiden. Bei einer Teilkaskoversicherung werden Schäden, die durch Diebstähle, Brände, Explosionen oder auch Kurzschlüsse entstehen, abgesichert. Auch Glasschäden können in einer solchen Versicherung abgedeckt sein. Die Leistungen von Teilkasko- im Vergleich zur Vollkaskoversicherungen unterscheiden sich vor allem in Bezug auf Elementarschäden, wie beispielsweise die Kollision mit Tieren. Auch bei Marderbissen oder ähnlichen Schäden gelten unterschiedliche Konditionen. Es bietet sich auf jeden Fall an, die unterschiedlichen Anbieter von Teilkaskoversicherungen für den Camping-Van zu vergleichen. Die Vollkaskoversicherung für den Camping-Van übernimmt dabei alle Schäden, auch jene, die aus einem Eigenverschulden entstanden sind. Gleichzeitig erhält der Vollkasko-Versicherte auch Schutz vor Schäden aus Vandalismus.

Auch die Prämienberechnung spielt bei Campingbussen eine Rolle, ähnlich wie bei PKWs. Das bedeutet, dass Faktoren wie das Baujahr, der Gesamtneuwert oder der Kaufpreis, die Art des Aufbaus, das Alter und die Anzahl der Fahrer, die Höhe der Selbstbeteiligung sowie unfall- und schadensfreie Jahre bestimmen, wie hoch schlussendlich die Versicherungssumme ist, die im Jahr gezahlt werden muss. Davon abhängig, ob du dich neben der verpflichteten Haftpflichtversicherung für eine Teil- oder Vollkasko-Versicherung entscheidest und welche Bedingungen dein Campingbus erfüllt, kann die jährlich zu zahlende Summe für die Versicherung für deinen Camper zwischen 200 und 1.000 Euro liegen.

Neben diesen Versicherungen stehen dir zusätzlich **Campingversicherungen** zur Auswahl. Eine Campingversicherung schützt nicht nur deinen Campingbus, sondern auch das Inventar inklusive des Vorzelts, was durch Brand, Explosion, Diebstahl, Raub und Unterschlagung oder unbefugten Zugriff beschädigt werden kann. Auch vor extremem Wetter, wie Hagel, Blitzeinschlägen, Überschwemmungen, Schneemassen oder einem Sturm, und den daraus entstehenden Folgen für den Campingbus schützt eine Campingversicherung. Besonders interessant bei Campingversicherungen ist, dass sie auch Gegenstände, wie den Fernseher oder die Solaranlage, mit in den Versicherungsschutz einschließen. Dabei gilt eine Campingversicherung auch dann, wenn du nicht mit deinem Camper unterwegs bist, dein Fahrzeug am Stellplatz verweilt und auf den nächsten Einsatz wartet. Eine Campingversicherung ist – im Gegensatz zur Haftpflichtversicherung – nicht für Schadensersatzansprüche Dritter zuständig. Sie ersetzt eine Haftpflichtversicherung beziehungsweise eine Wohnmobilversicherung also nicht.

Ausstattung des Campers

Damit dein Campingurlaub ein wahrer Erfolg wird und es dir an nichts fehlt, schauen wir uns in diesem Kapitel die Grundausstattung eines Campers einmal genauer an. Die nachfolgenden Punkte sollen dich inspirieren und dich bei deiner Entscheidung unterstützen, jedoch ist natürlich nicht jeder Punkt ein Muss für deinen Traum-Camper. Es kommt schlussendlich natürlich auch darauf an, mit wie vielen Personen du auf Reisen gehen möchtest – handelt es sich um eine Reise für dich alleine, profitierst du von reichlich Platz und vielen Möglichkeiten, verreist du hingegen mit deinem Partner, halbiert sich dieser Platz fast automatisch. Eine Campingreise mit Kindern oder auch mit Freunden in nur einem Camping-Van erfordert eine aufwändigere Planung und eine gute Organisation, damit ihr schluss-endlich nicht im Chaos versinkt und euch doch ein Hotelzimmer herbeiwünscht. Nachfolgend werden dir also die vielen Möglichkeiten vorgestellt, die du bei der Ausstattung und dem Innenausbau deines Campers hast. Natürlich stehen dir auch über den nachfolgenden Vorschlägen hinweg alle Möglichkeiten frei und, wenn du dich zu den kreativen und handwerklich begabten Menschen zählst, kannst du selbstverständlich auch vollkommen individuelle Ideen planen und umsetzen.

Der Schlafbereich in deinem Camper

Der Urlaub ist für die Erholung da, deswegen ist insbesondere der Schlafbereich ein besonderer Bereich in deinem Campingbus, der nicht vernachlässigt werden sollte. Schlussendlich kannst du aus einigen verschiedenen Optionen diejenige wählen, die am besten zu deinen Ansprüchen und Wünschen passt. Je nachdem, mit wie vielen Personen du verreisen möchtest, kann es auch sein, dass du auf mehrere Optionen gleichzeitig zurückgreifen musst – zu voll oder sperrig wird es mit den nachfolgenden, platzsparenden Ideen aber mit Sicherheit nicht.

Einzelbetten

Insbesondere dann, wenn du alleine mit deinem Camper unterwegs bist, lohnt es sich, sich für ein Einzelbett zu entscheiden. Der große Vorteil ist der freie Platz, der dir durch ein Bett mit ungefähr 90 Zentimetern Breite übrigbleibt. So findet zum Beispiel auch dein Fahrrad Platz auf der Fahrt an deinen Zielort und kann einfach neben das Bett, welches entweder quer oder längs in den hinteren Teil des Camping-Vans gebaut wird, gestellt werden. Auch für Urlaube mit zwei Personen eignen sich Einzelbetten sehr gut. In der Regel werden diese dann längs in den hinteren Teil des Fahrzeugs montiert und können durch eine kleine Lücke zwischen den Betten unproblematisch und bequem erreicht werden. Auch ein kleiner Nachttisch findet so zwischen den Betten Platz und bietet weitere Stau- und Abstellmöglichkeiten. Darüber hinaus besteht die Möglichkeit, die beiden Einzelbetten zu einem Doppelbett umzubauen, indem eine Erweiterungsmöglichkeit zwischen beiden Matratzen eingesetzt wird.

Doppelbetten

Der Klassiker im Schlafbereich von Campingbussen ist das Quer-Doppelbett. Dieses befindet sich in der Regel im hinteren Bereich des Fahrzeugs und kann nur von einer Seite erreicht werden. Die Liegemaße solcher Doppelbetten haben dabei eine angenehme Größe, auch wenn die Länge für besonders große Menschen zum Problem werden kann. Ein weiterer kleiner Nachteil ist die Tatsache, dass der Ein- und Ausstieg für die Person, die an der Wand, beziehungsweise an der Heckklappe liegt, sich schwieriger gestaltet als es in anderen Bettmodellen der Fall ist. So muss er oder sie für den nächtlichen Toilettengang über seine*n Bettnachbar*in klettern. Ein Vorteil jedoch, der viele Camper begeistert, ist die Tatsache, dass sich die Heckklappe bei gutem Wetter öffnen lässt und so nicht nur eine schöne Aussicht vom Bett aus genossen werden, sondern auch eine angenehme Brise durch den Campingbus ziehen kann.

Neben den Querdoppelbetten gibt es natürlich Doppelbetten für den Camping-Van im Längsformat. Auch diese Betten-Art wird in der Regel im hinteren Teil des Campingbusses fest montiert und kann entweder von einer Längsseite und dem Fußende oder nur von dem

Fußende erreicht werden, sollte das Bett genauso breit wie das Fahrzeug sein. Der große Vorteil hierbei ist, dass zwei Personen bequem Platz finden und auch für den nächtlichen Toilettengang nicht über die andere Person gekrabbelt werden muss.

Hubbetten

Bei Hubbetten handelt es sich um bewegliche Betten, welche tagsüber unter der Innenraum-Decke des Campers hängen und vor dem Schlafengehen heruntergelassen werden. Dies kann mit einer elektrischen oder mechanischen Vorrichtung geschehen und die Hubbetten können verschiedene Maße haben. Der große Vorteil hierbei ist, dass am Morgen das Bett mitsamt Bettwäsche ganz einfach unter die Decke gehoben und die Sitzecke bereitgemacht werden kann. Dadurch ergibt sich deutlich mehr Platz, der den Tag über genutzt werden kann. Leider gibt es aber auch bei Hubbetten einige Nachteile. So entsteht durch das Bett unter der Decke eine niedrigere Stehhöhe, die einige Menschen einschränken könnte. Es kann auch sein, dass weniger Licht durch das Hubbett an die Sitzgruppe strömt. Auch die gleichzeitige Nutzung von Bett und Sitzgruppe ist ausgeschlossen. Es können übrigens auch mehrere Hubbetten im Camper verbaut werden oder eine Kombination aus Hubbett und fest montiertem Heckbett genutzt werden. So kann das Hubbett auch über dem Fahrerhaus montiert werden, wenn die Sitze heruntergeklappt sind.

Schlaflofts und ausklappbare Betten

Neben fest montierten und hochziehbaren Betten kannst du dich darüber hinaus für ein Etagenbett entscheiden. Jene Etagenbetten können einerseits fest verbaut sein, aber andererseits aussehen wie ein kleines Schlafloft in deinem Camping-Van. Die unterliegende Stehhöhe wird hierdurch selbstverständlich eingeschränkt. Andererseits sind Etagenbetten auch in ausklappbarer Form erhältlich. So befinden sie sich in der Regel an einer Längsseite des Campers und können den Tag über hochgeklappt werden, sodass Bett und Matratze eng an der Wand anliegen und kaum Platz einnehmen. Zur Nacht hin wird das Bett einfach ausgeklappt. Der Einstieg ist hier natürlich etwas mühseliger, weswegen diese Art der Betten sich insbesondere für Kinder und Teenies eignet.

Etagenbetten

Du bist mit mindestens zwei Kindern unterwegs und möchtest diesen ein jeweils eigenes Bett bieten? Hierfür eignen sich Etagenbetten besonders gut. Diese sehen fast genauso aus, wie gewöhnliche mehrstöckige Betten und sind in fest montierter oder ausklappbarer Form erhältlich. Dadurch, dass es sich um Etagenbetten handelt, ist das aufrechte Sitzen vielleicht nicht immer möglich, weswegen sich diese Art der Betten insbesondere für zusätzlichen Besuch oder den Nachwuchs eignet.

Dachbetten für den Campingbus

Dadurch, dass dein Campingbus in der Regel relativ große Maße und eine große und gerade Dachfläche besitzt, kannst du auch hier für Schlafmöglichkeiten sorgen. Von den Dachzelten hast du ja bereits eines gelernt: Dieses System funktioniert auch auf Campingbussen und so kannst du mindestens zwei weitere Schlafplätze schaffen. Bei dem Dachbett für Campingbusse handelt es sich um aufstellbare Zelte, die auf dem Dach des Campers befestigt werden. Mithilfe einer Leiter wird das Bett auf dem Dach erreicht – hierbei sollte der Urlauber jedoch nicht höhenängstlich sein, die Aussicht aus dem Bett auf dem Dach lässt sich aber mit Sicherheit nicht toppen. Vor allem dann, wenn du im Sommer mit Freunden verreisen möchtet und ihr ab und zu Abstand voneinander haben möchtet, bietet sich die Verwendung eines Dachbetts für den Campingbus an. Im Winter könnte es aber in solch einem Dachbett etwas kalt werden.

Weitere Bett-Ideen

Neben all diesen verschiedenen Betten gibt es viele andere Ideen, wie du eine (zusätzliche) Schlafgelegenheit in deinen Camper integrieren kannst. So bietet es sich zum Beispiel an, die Sitzgruppe so auszuwählen oder gar selbst zu bauen, dass sie sich zu einem Bett umfunktionieren lässt. Auch leichte Hängematten oder spezielle Auflagen für die Fahrer- und Beifahrersitze im vorderen Teil des Campers können provisorisch für einen Schlafplatz für eine weitere Person sorgen.

Die Küche in deinem Camper

Da es auf dem Campingplatz in der Regel kein Frühstücksbüffet und auch keinen Room-Service gibt, gilt es, sich seine Mahlzeiten selbst zuzubereiten. Hierfür ist eine Küche im Campingbus überaus praktisch. Auch hier kannst du aus vielen verschiedenen Möglichkeiten genau diejenige wählen, die genau zu dir und deinem Camping-Stil passt.

Die Grundvoraussetzungen

Grundvoraussetzungen für eine funktionierende Küche sind in der Regel der Strom und das Wasser sowie das Abwasser. Den Strom benötigst du einerseits für elektrische Geräte, wie einen kleinen Kühlschrank oder auch die Kaffeemaschine, andererseits können auch ein Herd oder ein Ofen über den Strom angeschlossen werden. Alternativ nutzen viele Campingbusbesitzer hierfür übrigens Gas, welches für einen Gasherd, einen Gasofen und gegebenenfalls auch für eine Gasheizung genutzt werden kann. Das Wasser benötigst du natürlich, um schmutziges Geschirr zu spülen oder auch, um zum Beispiel Nudeln zu kochen. Auch hier gibt es verschiedene Möglichkeiten. So kannst du ganz provisorisch und ohne viel Aufwand einfach Wasserkanister verwenden und diese mit frischem Wasser befüllen. Zum Spülen oder Kochen gießt du das Wasser einfach in die entsprechenden Töpfe oder in eine Wanne. Das Abwasser wird schlussendlich ebenfalls in einem Kanister gesammelt und kann anschließend entsorgt werden. Neben diesen einfachen Systemen gibt es selbstverständlich auch Pumpsysteme, welche du mit deinem Fuß betätigst und so Wasser aus dem Kanister, welcher im Schrank unter der Spüle zu finden ist, zum Wasserhahn beförderst. Das Abwasser läuft aus der Spüle wieder in einen Kanister für Abwasser. In fest verbauten Küchen lassen sich darüber hinaus auch elektrische Systeme vorfinden, die das Wasser mithilfe von strombetriebenen Pumpen durch deinen Wasserhahn leiten und es sogar durch Untertischgeräte erhitzen können. Auf dem Campingplatz werden Camper in der Regel nicht an eine dauerhafte Wasserzufuhr angeschlossen, stattdessen kannst du das frische Wasser in deinem Kanister immer wieder (kostenfrei) auffüllen und das Abwasser entsorgen.

Die provisorische Küche

Du kochst gar nicht viel und holst dir ohnehin lieber etwas, wenn du unterwegs bist, oder gehst vermehrt in Restaurants essen? Dann kann es schon sein, dass dir ein kleiner Campingkocher sowie ein Set aus einer kleinen Kanne, einem Topf und einer Pfanne bereits genügt. Eine solch provisorische Küche verspricht zwar nicht unbedingt das ideale Kocherlebnis, jedoch lässt sie sich problemlos und klein verstauen. Dadurch, dass der Campingurlauber in der Regel ohnehin viel in der Natur unterwegs ist, können die kleinen Kochutensilien also auch einfach draußen vor dem Camper auf einem Tisch verwendet werden oder unterwegs für einen warmen Kaffee oder eine Portion Rührei mitgenommen werden. Natürlich darf auch nicht das Set an Geschirr, Bechern, Tassen und Besteck fehlen, denn mit den Fingern essen wollen die meisten Menschen ja nun doch nicht unbedingt.

Die schmale Küche im vorderen Teil des Campers

Wenn du die Schiebetür deines Campers öffnest, hast du die Möglichkeit, direkt hinter den Fahrersitzen eine kleine Küchenzeile quer in den Camper einzubauen. Der große Vorteil hierbei ist, dass die Küche, sobald die Tür geöffnet ist, nach außen hin erweitert werden kann, was insbesondere für die Vermeidung von Gerüchen beim Kochen sorgt. Durch fest verbaute Küchenschränke findet auch ein kleiner Kühlschrank, das Geschirr und ein kleiner Lebensmittelvorrat Platz in der Miniküche. Für Fünf-Gänge-Menüs eignet sich diese Art von Küchen jedoch leider nicht.

Die Küche an der Längsseite des Campers

Eine Küche an der Längsseite des Campers ist ebenfalls eine schlaue Lösung. So befindet sich diese Art der Küche an einer Längsseite des Campingbusses, in der Regel wird hier die Seite verwendet, an der die Schiebetür sich befindet. So wird die Küche bis zur Öffnung der Tür fest verbaut und kann anschließend durch auszieh- oder ausklappbare Elemente die gesamte offene Tür in Anspruch nehmen. So erhältst du viel Platz für das Kochen und auch alle wichtigen Zutaten, Kochutensilien und sogar Sitzplätze zum Essen können hierdurch ihren Platz finden.

Die verteilte Küche im Camper

Eine Arbeitsfläche hier, ein ausklappbarer Tisch dort und der kleine Kühlschrank oder die Kühlbox finden Platz unterm Bett? Auch das ist kein Problem, denn, wenn du deinen Campingbus selbst gestaltest oder nach deinen Vorstellungen gestalten lässt, stehen dir natürlich alle Optionen offen. So kannst du jeden freien und eventuell ungenutzten Platz in deinem Camper nutzen und auch das Kochen mit mehreren Personen ist überhaupt kein Problem.

Die Heckküche im Camper

Diese Art der Küchen war früher der absolute Standard in Campingbussen, heute hingegen sind sie oftmals durch viele neuen Ideen ersetzt worden. Eine Heckküche lässt sich selbst in besonders kompakten Bussen verbauen und hat den großen Vorteil, dass sich durch das Öffnen der Kofferraumtüre kaum Geruch im Inneren das Fahrzeugs bildet. Leider gibt es hier auch einige Nachteile, denn sperrige Dinge, wie z. B. das Fahrrad, finden hier keinen Platz mehr. Auch ist dringend zu beachten, dass die Schränke, die sich in Fahrtrichtung öffnen, nicht mit schweren Gegenständen beladen werden oder extra gesichert werden müssen. Darüber hinaus ist für viele Camper die Platzierung eines Bettes im Heck deutlich sinnvoller.

Das Bad in deinem Camper

Nachts über den Campingplatz stolpern, um die Sanitäranlagen zu erreichen und dort sein nächtliches Geschäft zu verrichten, klingt für einige Menschen bestimmt nach einem wahren Albtraum. Glücklicherweise gibt es einige Möglichkeiten, mithilfe derer du nicht nur ein WC in deinen Campingbus integrieren kannst, sondern auch eine Dusche! Ob du das wirklich benötigst, musst du schlussendlich selbst entscheiden. Viele Camper entscheiden sich insbesondere gegen eine eingebaute Dusche, denn diese wird nicht sonderlich viel genutzt und nimmt Platz weg. Auch die Vorstellung eines WCs, welches in Nichtbenutzung unter dem Bett verstaut wird, ist vielen Menschen ein Graus. Schlussendlich ist das alles jedoch gar nicht so schlimm und unangenehm, wie es vielleicht klingen mag. Wir schauen uns die verschiedenen Möglichkeiten deines Bads im Campingbus also einmal genauer an.

Die Kassettentoilette

Bei der chemischen Kassentoilette handelt es sich um die Standard-Toilette, die du in vielen Campingbussen vorfinden kannst. Vorstellen kannst du dir eine solche Kassettentoilette folgendermaßen: Die Toilettenschüssel besteht aus Kunststoff oder Keramik und sieht auf den ersten Blick aus wie eine ganz gewöhnliche (und eventuell etwas filigranere) Toilette. Anstatt jedoch, dass diese Toilette an ein Zu- und Abwassersystem angeschlossen ist, befindet sich direkt unter der Toilette eine sogenannte Toilettenkassette. In dieser sammeln sich im Verlaufe der Zeit bis zu 20 Liter deiner oder eurer Hinterlassenschaften. Die Toilettenschüssel und die unterliegende Kassette sind dabei durch einen Schieber voneinander getrennt. Bevor die Toilette benutzt wird, muss der Schieber geöffnet werden. Gespült wird hier ganz einfach mit Wasser. Bei der sogenannten Schwerkraftspülung läuft das Wasser einfach aus dem Frischwassertank, welcher bei solch einer Toilette zwingend vorhanden sein sollte, durch die Toilettenschüssel in die Kassette und nimmt auf dem Weg alle Hinterlassenschaften mit. Die Kassette sollte natürlich entleert werden, sobald sie voll ist oder der Geruch zu stark wird. Die Entsorgung darf ausschließlich an einem dafür vorgesehenen Ort erfolgen.

In einigen Fällen, zum Beispiel bei großen und integrierten Linern, befindet sich unter dem Fahrzeug ein Fäkalientank. Dieser lässt sich von außen entleeren und hat ein größeres Fassungsvermögen, sodass die unangenehme Aufgabe nicht allzu oft ausgeübt werden muss.

Die Chemietoilette

Bei der Chemietoilette handelt es sich im Prinzip einfach nur um eine Kassettentoilette, welche vom Hersteller mit chemischen Zusätzen versehen wurde. Diese Zusätze zeichnen sich oftmals durch eine blaue Färbung aus und sollen schlechte Gerüche neutralisieren. Chemietoiletten haben insbesondere in der letzten Zeit einen schlechten Ruf erhalten, da sich die künstlichen Bestandteile nur schlecht abbauen lassen und natürlich schon gar nicht in die Umwelt gehören. Schlussendlich solltest du dir gut überlegen, ob du eine Chemietoilette nutzen möchtest, denn wieso sollte eine solch natürliche Funktion des Körpers mit künstlicher und unnatürlicher Chemie behandelt werden?

Die Trockentrenntoilette

Die Trockentrenntoilette, die auch Humus- oder Komposttoilette genannt wird, ist ein alternatives WC-Modell, welches immer mehr an Beliebtheit gewinnt. Der Grund hierfür ist, dass es sich um eine nachhaltige Toilette handelt, die dennoch wenig Geruch verströmt – selbst wenn sie voll sein sollte. Eine Trockentrenntoilette lässt sich im Eigenbau mit gewissen Einsätzen selbst herstellen oder kann als voll funktionsfähige Toilette erstanden werden. Das Besondere an diesen Toiletten ist, dass die WC-Schüssel zweigeteilt ist. So befindet sich ein Einsatz unter der Klobrille, welcher auf die natürliche Körperform ausgerichtet ist. Alles Flüssige landet so im vorderen Teil der Toilette und wird in einen Kanister geleitet. Alle festen Hinterlassenschaften hingegen landen im hinteren Teil des Einsatzes in einem Eimer. Es bietet sich an, nach dem kleinen Geschäft einen kleinen Schluck Essig hinterher zu gießen. So wird die Bildung von Urinstein gemildert. Alternativ kann aber auch einfach Wasser verwendet werden. Zum Abdecken des großen Geschäfts hingegen können einfache Erde, Kleintierstreu, Holzspäne oder auch Kokosfasern verwendet werden. Durch die Trennung von festem und flüssigem wird eine Geruchsbildung gemieden, denn der eklige Geruch aus Plumpsklos zum Beispiel entsteht nur, wenn sich Urin und Kot miteinander vermengen. Um die Trockentrenntoilette zu entleeren, muss lediglich der Kanister sowie der Eimer mit allen Hinterlassenschaften entnommen und jene Hinterlassenschaften an einem geeigneten Ort entsorgt werden. Im Anschluss solltest du Eimer und Kanister einmal reinigen. Der Einsatz von kompostierbaren Mülltüten im Eimer ist dabei eine gute Idee, denn die Fäkalien können einfach im Restmüll entsorgt werden. Trockentrenntoiletten sind somit eine platzsparende, geruchsfreie und nachhaltige Lösung für die Toilette im Camper. Genau genommen, eignen sie sich auch als gewöhnliche Toilette für das Zuhause, denn ohne die Notwendigkeit einer Toilettenspülung sparst du mit einer Trockentrenntoilette große Mengen an Wasser!

Die Dusche

Natürlich ist es dir auch möglich, eine Dusche in deinem Campingbus einzubauen, denn insbesondere im Sommer freuen wir uns über eine erfrischende Abkühlung. Eine Dusche im Camper kann darüber hinaus noch weitere Funktionen erfüllen. So dient sie dir als Privatsphäre, denn du kannst die Toilette, sollte diese freistehend sein, einfach in die Dusche stellen und den Duschvorhang oder die Tür verschließen, zumindest, solange sich niemand in jener Dusche aufhält. Auch kann eine kleine Nasszelle sinnvoll sein, wenn du bei schlechtem Wetter Wäsche waschen und trocknen möchtest. Damit sich die gesamte Feuchtigkeit nicht im Fahrzeug verteilt, gibt es sinnvolle Vorrichtungen, mit denen du nasse Kleidung ganz einfach in der Dusche aufhängen und trocknen kannst.

Eine Dusche im Camper lässt sich entweder im Eigenbau herstellen oder als fertiger Bausatz kaufen. Insbesondere bei der Eigenherstellung stehen die Möglichkeiten offen, jedoch ist hier auch viel Kreativität gefragt. So sollte zum Beispiel bedacht werden, dass keine echten Fliesen verbaut werden sollten, da diese durch das Bewegen des Fahrzeugs reißen und undicht werden können. Eine weitere einfache Option für die Dusche unterwegs sind Duschmodule, die sich an der Heckklappe des Autos befestigen lassen. Da der Großteil der Campingurlaube ohnehin im Sommer stattfindet, ist auch eine Dusche im Freien in der Regel eine schöne Angelegenheit. Wer keinen festen Wasseranschluss hat, muss übrigens nicht mit dem Frischwasser aus dem Kanister duschen. Stattdessen sind mobile Duschen erhältlich, welche aus einem Druck-Behälter sowie einem Schlauch und einem Brausekopf bestehen. Solche mobilen Duschen lassen sich einfach befüllen und anschließend überall mitnehmen und verwenden.

Die Terrasse deines Campers

Damit du im Campingurlaub nicht nur in deinem Fahrzeug sitzen kannst, sondern auch den Bereich außen vor deinem Campingbus genießen und frei nutzen kannst, ist es immer sinnvoll, gewisse Möbel für den Garten mitzunehmen. So bietet es sich an, Klapp- oder Campingstühle, welche sich leicht und platzsparend verstauen lassen, mitzunehmen, und auch ein aufklappbarer Tisch kann das Campingerlebnis zu einer entspannten Auszeit im Grünen machen. Viele Campingbusbesitzer bestehen darüber hinaus auf ihre Markise oder auf ihr Vorzelt. Ein solches Vorzelt zum Beispiel wird für die Dauer des Urlaubes an der Längsseite des Campers montiert und bietet so nicht nur Schutz vor Sonne, sondern auch vor Regen und erweitert deinen Wohnraum enorm. Du kannst zum Beispiel deine Schuhe vor der Tür stehen lassen, denn sie sind durch das Vorzelt vor Wind und Wetter geschützt. Auch eine ausfahrbare Markise sorgt für hohen Komfort und entspannte Nachmittage vor der geliebten fahrbaren Unterkunft.

Wartung und Pflege

Damit du lange Zeit Freude an deinem Campingbus hast, sind eine regelmäßige Wartung und Pflege besonders wichtig. Dass es sinnvoll ist, den Camper nach jedem Urlaub von innen und außen zu reinigen und die Wassertanks auszuleeren, bevor es wieder für einige Wochen bis Monate auf den Abstellplatz geht, wurde dir bereits erklärt. Aber auch regelmäßige Service-Intervalle in der Werkstatt solltest du nicht verpassen, damit du nicht nur von einem gepflegten und funktionsfähigen Camping-Van profitierst, sondern ihn gegebenenfalls auch für einen guten Preis weiterverkaufen kannst.

Wie für alle anderen Fahrzeuge gilt auch beim Campingbus, dass dieser regelmäßig vom TÜV abgenommen werden muss. Ein Campingbus mit einem Gewicht von bis zu 3,5 Tonnen muss seine erste TÜV-Abnahme nach 36 Monaten erhalten. Im Anschluss musst du den TÜV alle zwei Jahre erneuern, denn sonst bist du mit deiner fahrbaren Unterkunft nicht mehr für die Teilnahme am Straßenverkehr berechtigt. Neben den Fristen für den TÜV und die AU sind regelmäßige Inspektionen durch die Vertragswerkstatt wichtig, damit dein Camping-Van lange funktionstüchtig bleibt. Dabei entscheidet nicht unbedingt der Kilometerstand allein, wann du das nächste Mal zur Werkstatt musst, auch die Zeitintervalle sind ausschlaggebend und sollten keinesfalls ignoriert werden. Selbst, wenn du nur einmal im Jahr mit deinem Camper unterwegs bist und dieser dementsprechend nicht viele Kilometer gefahren ist, solltest du dich an die regelmäßigen Termine halten, damit Garantien und Gewährleistungsansprüche erhalten bleiben. Insbesondere, wer vorhat, seinen Camping-Van in der Zukunft noch einmal zu verkaufen, profitiert von einem scheckheftgepflegten Fahrzeug, denn dadurch wird der Wert des Fahrzeugs gesteigert.

Was genau muss denn nun am Camping-Van gewartet werden? Grundlegend ist es vorgeschrieben, alle zwei Jahre einen Ölwechsel vorzunehmen. Ebenso gilt dieses Intervall für den Austausch der Bremsflüssigkeit sowie für Luft-, Pollen- und Kraftstofffilter. Diese Aufgaben und Intervalle variieren jedoch von Modell zu Modell und sind teilweise abhängig von der Wartungsanzeige. Weniger oft muss der Steuer- oder Zahnriemen ausgetauscht werden, aber auch hier ist die Einhaltung von Fristen besonders wichtig, da der Motor ansonsten leidet. Insbesondere, wer überwiegend Kurzstrecken mit seinem Camping-Van zurücklegt, ein Automatikgetriebe fährt, Anhänger mitnimmt oder in extremen klimatischen Verhältnissen unterwegs ist, sollte seinen Camping-Van regelmäßig einmal im Jahr zur Inspektion geben. Generell bietet es sich an, die vorgeschriebenen, wichtigen Termine in der Werkstatt im Kalender zu vermerken und nicht einfach aufzuschieben oder zu ignorieren.

Selbstverständlich kannst du einige Arbeiten für die Wartung und Pflege deines Camping-Vans auch einfach selbst übernehmen und somit Kosten sparen. Insbesondere die jährliche Grundreinigung des Inneren wie auch des Äußeren des Campingbusses ist zwar nicht unbedingt eine angenehme Arbeit, kann jedoch unproblematisch von einer bis zwei Personen in Eigeninitiative durchgeführt werden. Auch die Pflege von empfindlichen Bauteilen, wie z. B. Dichtungen, können geschickte Besitzer von Campingbussen selbst in die Hand nehmen. Neben diesen Dingen ist es wichtig, regelmäßig die Reifen zu überprüfen und gegebenenfalls auszuwechseln. Allwetterreifen werden für Campingbusse nicht unbedingt empfohlen, weswegen ein Reifenwechsel im Frühjahr und Herbst vorgenommen werden muss. Dieser Reifenwechsel kann natürlich in der Werkstatt stattfinden. Wer jedoch gerne und gut schraubt, der kann diesen auch selbst vornehmen. Achte außerdem immer auf eine ausreichende Profiltiefe der Reifen deines Camping-Vans, denn hier liegen versteckte Gefahren. Auch der Ölwechsel kann alternativ von erfahrenen Auto-Schraubern einfach zuhause oder am Stellplatz vorgenommen werden. Dies lohnt sich jedoch überwiegend bei älteren Modellen, die nicht mehr unbedingt scheckheftgepflegt sein müssen und dementsprechend nach dem privaten Ölwechsel keinen Service-Stempel mehr erhalten. Eine Ölstandkontrolle sollte übrigens Routine vor jedem Urlaub sein. Darüber hinaus kann der Campingbus-Besitzer selbst die Wasserleitungen des Fahrzeugs reinigen, denn insbesondere die Reinigung der Frischwasser-Leitungen ist wichtig. Auch die Wasserbehälter sollten vor und nach jedem Urlaub gründlich gereinigt werden. Neben diesen Tätigkeiten in Bereich Wartung und Pflege gilt es außerdem, kleinere Schäden innen und außen zu reparieren. Quietschende Scharniere, schmutzige Polster oder Schäden in der Wandverkleidung müssen natürlich nicht in der Werkstatt behoben werden, sondern können mit etwas Geschick von dir repariert werden.

Reisen mit dem Camper

Endlich ist es so weit und dein Urlaub steht schon fast vor der Tür. Auch deinen idealen Campingbus hast du bereits für diesen Zeitrahmen gemietet oder besitzt bereits eine fahrbare Unterkunft, die an ihrem Stellplatz darauf wartet, endlich wieder auf Reisen zu gehen. Damit dein (erster) Campingurlaub ein voller Erfolg wird, geht es in diesem Kapitel um die Planung deiner perfekten Reise, um die Reisemöglichkeiten, die du mit deinem Campingbus hast. Du wirst auch praktische Tipps und Tricks kennenlernen, die dir den Alltag auf dem Campingplatz erleichtern können.

Planung der perfekten Reise

Wer von einem Campingurlaub erwartet, dass das Frühstücksbüffet bereits um neun Uhr morgens aufgebaut ist und die Handtücher jeden Tag ausgetauscht werden, der wird eine eher unangenehme Überraschung erleben. Stattdessen geht es in die Natur, ohne Room-Service und teilweise sogar ohne fließendes Wasser! Auch, wenn viele Annehmlichkeiten im Campingurlaub fehlen, hat dieser das Potential, der erholsamste und gleichzeitig spannendste Urlaub zu werden, den du jemals genießen durftest. Damit dein Campingurlaub jedoch nicht in Stress ausartet, gibt es einiges bei der Planung deiner perfekten Reise mit dem Camper zu beachten.

Wohin soll die Reise gehen?

Zunächst einmal steht die Frage an, wohin dein Urlaub überhaupt gehen soll. Wenn es sich um deinen ersten Campingurlaub handelt, bietet es sich an, zunächst einmal in der näheren Umgebung zu bleiben. Das heißt natürlich nicht, dass du in deinem Wohnort festsitzt oder keine neuen Gegenden kennenlernen kannst, denn du wirst dich wundern, welch eine Vielfalt der Natur wir allein in Deutschland besitzen! Sollte der Urlaub für dich nur dann ein richtiger Urlaub sein, wenn du mindestens eine Ländergrenze überschritten hast, bietet es sich an, den umliegenden Ländern einmal einen Besuch zu statten – Campingplätze gibt es in jedem Land und auch auf dem gesamten Kontinent in Hülle und Fülle.

Du bist in der Wahl deines Urlaubszieles also komplett frei und flexibel. Das bedeutet jedoch nicht, dass du bei deiner ersten Reise einfach einmal drauflosfahren solltest. Das sogenannte Entdeckungs-camping ist zwar eine tolle Sache, jedoch eignet es sich eher für erfahrene Camper, die sich durch kleine Stolpersteine auf dem Weg nicht aus der Ruhe bringen lassen. Stattdessen ist es ratsam, ein Ziel festzulegen und, an diesem Ziel angekommen, auch einige Tage zu verweilen, bevor es weitergeht. Wer plant, jeden Tag einen neuen Campingplatz zu besuchen, der muss mit einer Menge Arbeit beim Auf- und Abbauen rechnen und kann die Umgebung sowie die kulturellen Angebote überhaupt nicht auskosten. Auch benötigt es einiges an Erfahrung, den Campingbus zu manövrieren, abzustellen und mit Vordachzelt und allen wichtigeren Dingen auszustatten – und diese zu Ende der Reise wieder abzubauen. Wer sich also vornimmt, in schnellen Intervallen den Campingplatz zu wechseln, der kann sich auf eine Portion Stress gefasst machen.

Wenn du dir also dein Reiseziel überlegt hast, ist es in erster Instanz sinnvoll, nach einem guten Campingplatz Ausschau zu halten. Dies solltest du im Idealfall bereits einige Monate vor Antritt der Reise tun, denn gerade in der Hauptsaison sind Stellplätze rar. Sobald du also einen Campingplatz gefunden hast, der dich anspricht und der in deine Preisvorstellung passt, solltest du am besten direkt telefonisch oder online reservieren. Einfach beim Campingplatz aufzutauchen und zu hoffen, dass noch ein Platz frei ist, sollte definitiv nur die Notlösung sein, wenn alle Stricke reißen. Denn im schlimmsten Fall wirst du wieder weggeschickt und hast keinen Platz für die Nacht. Sobald du also deinen Campingplatz sicher hast, geht es an die Planung der Route. Wenn dein Ziel nicht allzu weit von deinem Zuhause entfernt ist, bietet es sich an, die Strecke innerhalb eines Tages zurückzulegen. So musst du nicht auf Campingplätzen übernachten, die auf dem Weg liegen und unnötig Geld ausgeben. Planst du stattdessen eine Route, die etwas weiter weg gehen soll, solltest du darauf achten, dir auf dem Hinweg schon genügend Zeit zu lassen und die Strecke mit der Reservierung von Unterkünften und Stellplätzen zu planen. Siehe die Anreise bereits als deinen Urlaub an und scheue dich nicht, diese so entspannt und auch interessant, wie nur möglich, zu gestalten. Wenn du zum Beispiel unterwegs eine Sehenswürdigkeit betrachten möchtest, ist dies mit dem Campingbus selbstverständlich möglich! Plane jedoch nicht zu viele Zwischen-stopps ein, denn das könnte dazu führen, dass du unter Zeitdruck gerätst und bereits gestresst an deinem Ziel ankommst.

Ebenso, wie du die Anreise planst, solltest du auch die Heimreise von vorne bis hinten durchorganisiert haben. Der Grund hierfür ist, dass die meisten Urlaube relativ plötzlich enden und eine zu knappe Pla-nung in Kombination mit dem Worst-Case-Szenario einer Panne zum Beispiel dafür sorgen kann, dass du nicht pünktlich zu deinem ersten Arbeitstag nach dem Urlaub erscheinst. Darüber hinaus sorgt eine stressige Heimreise auch dafür, dass die Erholung und Ruhe, die du dir auf dem Campingplatz eingeholt hast, direkt wieder flöten gehen und dein toller Urlaub vom Stress der Heimreise überschattet wird. Grundlegend lässt sich insbesondere für Anfänger im Camping-Urlaub sagen: Gestalte deine Planung so simpel, wie nur möglich, und ver-suche nicht, komplizierte oder zu viele Aktivitäten und Haltestopps einzubauen. Je einfacher dein Urlaub geplant ist, desto entspannter wird er auch. Mit der wachsenden Erfahrung können anschließend auch die Urlaubsausmaße wachsen und du kannst deine Träume verwirklichen, endlich mit dem Campingbus nach Portugal, mit der Fähre auf eine Insel oder in Richtung Skandinavien zu fahren!

Informiere dich über die Straßenverhältnisse

Diesen Punkt vergessen viele Camper schon einmal gerne, jedoch ist er besonders wichtig für deine An- und Abreise. So ist der Standard der Straßen, wie wir ihn hier kennen, nicht in jedem Land gegeben. Das bedeutet, dass du mit deinem Campingbus auf schlecht aus-gebauten und einsamen Landstraßen mit einer längeren Fahrtzeit rechnen musst. Auch enge Hochgebirgsstraßen und Serpentinen solltest du als Fahranfänger eines Campingbusses vielleicht erst einmal meiden. Plane deine Route also auch mithilfe der Straßen und Straßenverhältnisse am jeweiligen Ort und sorge gegebenen-falls für eine gute Organisation und das passende Werkzeug, sollte dein Camper unterwegs im Nirgendwo einmal eine Panne haben.

Mache dich mit der Technik vertraut

Campingbusse sind wahre Meisterwerke, denn in ihnen findet sich auf engstem Raum alles Wichtige für deinen Urlaub. Damit du auch alle Module in deinem Camper im Urlaub nutzen kannst, lohnt es sich, sich darüber zu informieren, wie alles im Fahrzeug funktioniert. Im Idealfall erkundigst du dich direkt beim Vermieter und lässt dir alles zeigen. Oder du planst einen halben Tag ein, an dem du schon einmal probewohnst und dich auf den Urlaub einstimmst. Sollte irgendetwas nicht funktionieren oder du etwas nicht verstehen, hast du vor deinem Urlaub noch genügend Möglichkeiten, jene Probleme aus der Welt zu schaffen, und musst dich nicht auf dem Camping-platz selbst darüber ärgern.

Der wohl wichtigste Punkt bei der Vertrautheit mit der Technik ist das Fahrverhalten des Campers. Je unsicherer du nämlich damit bist, desto stressiger und auch gefährlicher wird die Hin- und Rück-reise. Wenn du also die Möglichkeit besitzt, ist es ratsam, deinen Campingbus einmal über einen leeren Parkplatz zu fahren und auch das Rangieren und Einparken genauer zu üben. Lasse dir außerdem zeigen, wie du den Campingbus am besten sicherst, damit er auch auf unebenem Gelände geradesteht und du nachts nicht in Schief-lage gerätst.

Prüfe die Richtlinien und Gesetze der Reiseländer

Dass in anderen Ländern andere Sitten herrschen, ist nicht einfach nur ein Spruch, den wir so daher sagen – hier handelt es sich um eine wahre Aussage. Wusstest du zum Beispiel, dass in einzelnen Ländern Europas eine Tagfahrlicht-Pflicht besteht und es strafbar ist, ohne Licht zu fahren? Auch gibt es verschiedene Straßen- und Warnschil-der, deren Anblick wir vielleicht nicht sehr gwohnt sind. Informiere dich also auf jeden Fall über die gängigen Straßenverkehrsregeln und Mautgesetze in deinem Zielland. Wenn du im Winter unterwegs sein möchtest, ist es außerdem ratsam, sich über die Bezugsmög-lichkeiten von Gasflaschen und Gasabfüllstationen bewusst zu sein.

Informiere dich über Ver- und Entsorgungsstationen

Wenn du von einer Küchenzeile sowie einem Bad in deinem Campingbus profitierst, gibt es eine Aufgabe, die Campingurlauber nicht allzu gerne ausführen: Das Frischwasser muss aufgefüllt und das Abwasser sowie die Hinterlassenschaften aus der Toilette müssen entsorgt werden. Hierfür gibt es spezielle Ver- und Entsorgungsstationen, welche sich in der Regel direkt am Campingplatz befinden. Informiere dich jedoch definitiv vorher, ob an deinem Campingplatz eine solche Station ist. Denn sollte dies nicht der Fall sein, kann es schon einmal sein, dass du deine Toilette nicht entleeren und spülen kannst, was in einer eher stinkigen Angelegenheit enden kann.

Belade deinen Campingbus richtig

Dadurch, dass Campingbusse ein Maximalgewicht von 3,5 Tonnen aufweisen dürfen, ist das richtige Beladen ein wichtiger Bestandteil der Reiseplanung. Sobald du also weißt, wie die Wetterverhältnisse sind und was du alles für diesen speziellen Urlaub mitnehmen möchtest und musst, geht es an das korrekte Beladen. Ein Beladungsrechner, welchen du online findest, kann dir dabei helfen, das Maximalgewicht zu kalkulieren und einzuhalten. Beim Beladen ist es wichtig, den Schwerpunkt am richtigen Ort zu halten und die Achsen nicht zu überladen. Dafür ist es ratsam, schwere Gegenstände in Bodennähe zu lagern. Das heißt, dass der Getränkevorrat, der Grill, schwere Töpfe und auch das Porzellangeschirr, sollte dieses mitgenommen werden, Platz in Nähe des Bodens finden sollten. Leichtes Gepäck hingegen wie Kleidung, Kosmetikartikel, Gewürze und Ähnliches können hingegen in obere Fächer und Stauräume geladen werden. Abschließend solltest du, insbesondere wenn du viel Gepäck mitnehmen musst, mit deinem Campingbus einmal auf die Fahrzeugwaage. Eine solche Waage findest du zum Beispiel beim TÜV. Hier wiegst du das Gesamtgewicht sowie das Gewicht auf den einzelnen Achsen und kannst gegebenenfalls noch einmal um- oder ausräumen. Eine gute Beladung, welche sich innerhalb des maximal zulässigen Gewichts hält, garantiert dir eine gute und sichere Fahrt.

Plane den Übernahme- und Abgabetag entspannt

Insbesondere am ersten Tag sind Campingurlauber voller Motivation und Tatendrang und möchten so viel Strecke, wie nur möglich, hinter sich bringen. Es ist jedoch eher ratsam, den ersten Tag des Campingurlaubs eher entspannt und locker zu planen. Vor allem dann, wenn du den Campingbus mietest und ihn noch nie vorher gefahren hast, benötigst du eine gute Zeitspanne, um dich an das Fahren mit diesem großen Fahrzeug zu gewöhnen. Und auch das Abstellen am Campingplatz sowie der Einkauf von essenziellen Dingen vor Ort nehmen eine Menge Zeit in Anspruch. Ebenso sollte auch der Abgabetag bei einem Mietcampingbus in die Reiseplanung integriert werden, denn oftmals muss der Camper in den Morgenstunden abgegeben werden. Das bedeutet, dass du diesen Termin in deine Heimreiseplanung einbeziehen musst und dafür sorgen solltest, dass genügend Puffer vorhanden ist – sonst kann es zu Stress und unerwarteten Kosten kommen.

Exkurs: Wie ist das mit dem Wildcamping?

Das sogenannte Wildcamping beschreibt das Abstellen des Campingbusses oder das Aufstellen des Zeltes mitten in der Natur und nicht auf offiziellen Stellplätzen. So schön wir es uns alle vorstellen, einfach mitten im Wald anzuhalten oder direkt am Sandstrand zu stehen, ist das Wildcamping leider nicht überall erlaubt und kann strafrechtliche Konsequenzen mit sich bringen. Schauen wir uns einmal an, wie es mit dem Wildcamping in Deutschland und einigen anderen Ländern aussieht.

Wildcamping in Deutschland: Während das Zelten in der freien Natur in Deutschland generell nicht erlaubt ist, hast du es mit einem Campingbus ein wenig einfacher. So ist es in Deutschland erlaubt, mit dem Camper für maximal eine Nacht an Raststätten oder auf staatlichen Parkplätzen abzustellen. Du solltest dich jedoch nicht direkt häuslich einrichten, denn sollte dich jemand kontrollieren, muss es ersichtlich sein, dass du die Nacht zur Erholung nach der langen Fahrt an diesem Ort nutzt und nicht bereits dort deinen Urlaub verbringst. Darüber hinaus sind die Gegebenheiten auf Raststätten oder Parkplätzen meistens ohnehin nicht sonderlich schön oder naturnah, weswegen das Wildcamping hier ohnehin eher eine nicht so schöne Option darstellt. Das Abstellen in Naturschutzgebieten oder Wäldern ist in Deutschland verboten.

Wildcamping in Skandinavien: Der Norden gilt als ein wahres Paradies für Camper, denn hier wird auch das Wildcampen mit Toleranz und Coolness behandelt. So kannst du in Schweden, Finnland und Norwegen aufgrund des sogenannten „Jedermannsrechts", welches besagt, dass ein Grundstück zwar im Besitz einer Person liegt, jedoch hat jedermann das Recht, die Natur zu nutzen, solange er ihr nicht schadet. Das heißt, du kannst deinen Campingbus einfach dort abstellen, wo es dir gefällt. Ein paar Regeln gibt es dennoch. So solltest du nicht länger als eine Nacht am Stück an einem Ort wildcampen und natürlich solltest du insbesondere auf Privatgrundstücken immer nachfragen, bevor du es dir gemütlich machst. Auch auf landwirtschaftlich genutzten Flächen oder in Nationalparks ist das Wildcampen verboten.

Wildcamping in Schottland: Auch in Schottland ist das Wildcampen erlaubt. Du darfst hier einen Zeitraum von bis zu drei Tagen am Stück an einem Ort verweilen, der nicht ausschließlich als Campingplatz gekennzeichnet ist. Eine Besonderheit gibt es jedoch für Campingbusse: Diese müssen mit einem angemessenen Abstand von mindestens 14 Metern von der Straße entfernt geparkt werden. Dabei gilt, dass der Eigentümer das schlussendliche Sagen hat. Kläre also lieber vor dem Abstellen mit dem Eigentümer ab (sollte einer ersichtlich sein), ob du an diesem Ort stehen darfst, um unnötigen Ärger zu vermeiden.

Wildcamping im Süden: Im Süden Europas, also in Ländern, wie zum Beispiel Frankreich, Spanien und Italien, ist das Wildcampen grundlegend verboten und wird mit empfindlichen Strafen geahndet. Der Grund liegt nicht in einer Schikane oder Unverständnis den Campingliebhabern gegenüber, sondern entstand aufgrund von rücksichtslosem Verhalten vonseiten der Camper. So besteht insbesondere in den wärmeren Ländern in der Trockenzeit eine Waldbrandgefahr, die durch Camper, die einfach in der Wildnis ihre illegalen Feuer entfachen, um ein Vielfaches gesteigert werden würde. Grundlegend gilt im Süden Europas, dass du hier lieber immer auf Campingplätze setzen und nicht deine fahrbare Unterkunft spontan am Straßenrand abstellen solltest – hier kann es zu mehrstelligen Strafbeträgen kommen, die dir den Urlaub nur vermiesen würden.

Wildcamping in Osteuropa: Auch in den osteuropäischen Ländern ist das Wildcamping verboten. Es kann jedoch schon einmal vorkommen, dass, zum Beispiel in Polen, ein Auge zugedrückt wird im Sinne von: leben und leben lassen. Darauf verlassen solltest du dich jedoch nicht und somit lieber mit Campingplätzen, auf denen du legal stehen darfst, planen.

Bevor die Reise beginnt

Eine Sache, die wir vor einer jeden Reise tun müssen, ist das Kofferpacken. Dabei handelt es sich hier um eine Tätigkeit, die von einigen geliebt und von wieder anderen absolut gehasst wird. Schlussendlich kann das Vorbereiten einer Reise und das Packen der wichtigsten Utensilien aber doch eigentlich nur Vorfreude bereiten, oder? Der Vorteil beim Campingbus ist dabei übrigens, dass du deine Kleidung nicht in den Koffer und deine Zahnbürste nicht im Kulturbeutel verstauen musst – stattdessen räumst du deine Dinge von deinem Kleiderschrank in den fahrbaren Kleiderschrank deines Camping-Vans, so fällt nicht nur die Organisation, sondern auch der Überblick beim Packen deutlich leichter.

In diesem Kapitel schauen wir uns also eine kleine Zusammenfassung der wichtigsten Dinge, die du beim Camping auf keinen Fall zuhause liegen lassen solltest. So ist es grundlegend erst einmal wichtig, sich mit den Wetterbedingungen vor Ort auseinanderzusetzen und im Idealfall reichlich Kleidung für jede Wetterlage parat zu haben. Auch was die Lebensmittel und Kochutensilien angeht, bietet es sich an, nur die Dinge mitzunehmen, die du wirklich benötigst. Beim Packen deines Campers ist nämlich eines wichtig: das zulässige Maximalgewicht von 3,5 Tonnen. Anstatt also den Kasten Wasser von zuhause mitzunehmen, solltest du diesen lieber erst am Urlaubsort kaufen, genauso wie den Liter Milch oder das frische Obst und Gemüse. Auch was die Hygieneprodukte angeht, gilt: lieber nur das Nötigste. Nimm die Dinge mit, die du auf jeden Fall benötigst, und überlege lieber zweimal, ob du das Glätteisen oder die Personenwaage wirklich mitnehmen musst. Auch unverzichtbare Elektrogeräte, wie das Navigationssystem sowie die notwendigen Ladekabel oder Powerbanks, solltest du auf deiner Reise nicht vergessen. Neben Utensilien für die Freizeit, wie zum Beispiel Bällen, Taucherbrillen, Frisbees oder Ähnlichem, solltest du auch überlegen, vielleicht das eine oder andere Hörspiel für die lange Fahrt einzupacken oder für den Nachwuchs, solltest du mit diesem unterwegs sein, in kleine Reisespiele zu investieren, die die Anreise in Nu verstreichen lassen. Neben all diesen Dingen gibt es noch einige Dinge, die einem vielleicht auf den ersten Blick gar nicht einfallen, die jedoch zur Grundausstattung eines jeden Campers gehören. Schaue dir die nachfolgende Liste mit Dingen, die auf deiner Campingreise auf keinen Fall fehlen sollten, einmal genauer an und hake am besten ab, welche Dinge du bereits besitzt und in deinem Camper verstaut hast und welche Utensilien noch einer Anschaffung würdig sind, bevor es endlich auf Reisen geht:

Die Grundausstattung für deinen Campingbus:

- o CEE-Anschlusskabel für Strom (so kannst du dich am Campingplatz mit Strom versorgen)
- o Kabeltrommel oder Verlängerungskabel
- o Frischwasserschlauch oder eine Gießkanne (zum neuen Befüllen des Wassertanks)
- o Abwasserschlauch
- o Abwassertank oder ein Eimer (hier bieten Falteimer eine platzsparende Lösung)
- o Gegebenenfalls Gasflaschen oder Campingkocher sowie Truma Levelcheck (hiermit überprüfst du den Gasstand)
- o Auffahr- und Bremskeile
- o Besen, Handfeger, Schaufel, Schneeschieber (wenn du im Winter campen möchtest)
- o Leiter oder Trittstufe (der Campingbus ist natürlich nicht ebenerdig, dies gestaltet das Ein- und Aussteigen einfacher)
- o Wäscheleinen, Wäscheständer und Klammern (Möglichkeiten

zum Wäschewaschen gibt es in der Regel auf den Campingplätzen, nur trocknen musst du selbst)
o Wäschekorb (idealerweise zusammenfaltbar)
o Hammer und Standartwerkzeugkasten
o Ordnungsboxen
o Fußabtreter oder eine Gummimatte (du glaubst nicht, wie
schnell sich der Dreck von draußen im gesamten Fahrzeug
verteilen kann)
o Kabelbinder, Panzertape
o Taschenlampe

Checkliste für die Ausstattung im Fahrzeug:

o Fahrzeugschein
o Grüne Versicherungskarte
o Schutzbrief
o Motoröl (wer viele Kilometer fährt, muss dem Motor Nachschub
bieten können)
o Ersatz-Sicherungen für Fahrzeug und Aufbau (falls etwas kaputt
geht)
o Ersatz-Lampen (dies ist in manchen Ländern sogar Vorschrift)
o Schwamm und kleiner Wasserbehälter zum Scheiben putzen
o Alle Anleitungen (sollte etwas ausfallen oder nicht richtig
funktionieren)
o Verbandskasten
o Werkzeug oder befüllter Werkzeugkoffer
o Ersatzreifen, Wagenheber und Radkreuz (sollte es mal zu einer
Reifenpanne kommen)
o Warntafel (für Fahrräder und Ladungen hinten benötigt)
o Magnetschilder: „Toter Winkel" (wird zum Beispiel seit 2021 in
Frankreich benötigt)
o Feuer-Löschspray

o Feuer-Löschdecke

o Warndreieck

o Warnwesten

Auch die Besatzung deines Campingbusses sollte einige wichtige Dinge und Unterlagen mit dabeihaben, denn sonst kann es zum Beispiel bei einer Grenzüberschreitung oder bei Krankheitsfällen Probleme geben. Während wir in der Regel sehr gut an die extra Unterhose denken, vergessen wir schon einmal gerne die wichtigen Dokumente, wie den Personalausweis oder die Krankenversicherungskarte. Damit dein Urlaub aufgrund solcher kleiner Fehler nicht den Bach runtergeht und eine eher schlechte Wendung nimmt, findest du nachfolgend eine weitere kleine Checkliste, die du im Idealfall vor jeder Reise mit deinem Campingbus erneut hervorholen und prüfen solltest, ob alle wichtigen Dinge vorhanden sind.

Checkliste für die Ausstattung für die Campingbus-Besatzung:

o Pass / Personalausweis

o Krankenversicherungskarte (oder gegebenenfalls Versicherungsbescheid über Reise-Krankenversicherungen)

o Impfausweis

o Kreditkarte / EC-Karte

o Kopien wichtiger Dokumente (verstaue diese an einem sicheren Ort)

o Handy

o Ladekabel, Lade-Adapter oder Powerbanks

o Sonnenbrille

o Bargeld

Die Reise

Sobald du dich für einen Camping-Van entschieden hast, deine Ausstattung zusammengetragen hast und dein Gepäck in den vielen kleinen Stauräumen eingeräumt hast, steht der Vorfreude, dass es bald endlich losgeht, fast nichts mehr im Weg. Dass du dich vor Beginn deiner Reise am besten über das Land oder auch die Stadt informieren solltest, in welchem beziehungsweise welcher du deinen Urlaub verbringen möchtest, hast du bereits einige Seiten zuvor gelesen. So solltest du dir am besten einen kleinen Notizzettel oder eine Datei in deinem Smartphone anlegen, um so die wichtigsten Informationen zu dem Urlaubsland immer griffbereit zu haben. Insbesondere Straßenverkehrsregeln und Besonderheiten im Straßenverkehr sind hier für dich wichtig. Damit deine Reise ansonsten so glatt und unkompliziert, wie nur möglich, abläuft, findest du in diesem Kapitel viele nützliche Tipps und Tricks sowie einen Einblick in das alltägliche Leben auf dem Campingplatz.

Allgemeine Tipps und Tricks

Je mehr Campingurlaube du verbringst, desto mehr Erfahrung und Wissen hast du zu dieser Art der Urlaube gesammelt und desto angenehmer und routinierter wird jeder neue Urlaub mit deinem Campingbus. Wieso aber solltest du bei deinem ersten Urlaub noch auf die sinnvollen und hilfreichen Tipps und Tricks aus dem Bereich des Campings verzichten? Starte doch direkt als kleiner Vollprofi – mithilfe von den nachfolgenden Lifehacks für Camper und den Campingplatz:

1. Keine Waschmaschine? Kein Problem!

Eine Waschmaschine möchte nun niemand in seinem Campingbus unterbringen müssen, selbst wenn es noch so weit gehen sollte und noch so viel Kleidung dreckig werden kann. Wenn jedoch auch in den Sanitäranlagen deines Campingplatzes keine Waschmaschinen vorhanden sind, welche du für kleines Geld benutzen kannst, wird es an der Zeit, kreativ zu werden. Einerseits kannst du zu kleinen

Camping-Waschmaschinen greifen. Diese entsprechen ungefähr einem Viertel der Größe einer gewöhnlichen Waschmaschine und sind deutlich leichter und einfacher in der Handhabung. Diese Art der Waschmaschine wird mit Strom betrieben. So befüllst du die innenliegende Trommel mit der dreckigen Wäsche und füllst – im Idealfall warmes – Wasser ein. Nun kommt nur noch das Waschpulver hinzu – und schon kann die Campingwaschmaschine eingeschaltet werden. Für den Waschgang dreht das innenliegende Behältnis sich langsam hin und her. Nachdem der Waschgang fertig ist, kannst du das Wasser ablassen und den Schleudergang einschalten. Beim Schleudergang dieser Mini-Waschmaschine dreht sich das Behältnis deutlich schneller, sodass das restliche Wasser aus der Wäsche geschleudert wird.

Wer es lieber noch etwas kleiner mag und auch auf den Strom verzichten möchte, für den eignen sich sogenannte Waschtaschen. Hier handelt es sich um eine Kombination aus Waschbrett und Wanne: Du kannst dir im Prinzip eine wasserundurchlässige Tasche vorstellen, deren Innenseite mit Gumminoppen versehen ist. Nachdem die schmutzige Wäsche sowie Wasser und Waschmittel eingefüllt und die Tasche fest verschlossen wurde, heißt es nun, von außen zu kneten, was das Zeug hält. Anschließend muss das Wasser abgelassen und die Wäsche gegebenenfalls ausgespült und ausgewrungen werden – eine praktische und platzsparende Lösung für den Camping-Van!

2. Tanke den Frischwassertank nicht voll

Endlich geht die Reise los! Da muss der Frischwassertank doch am besten ganz voll sein, oder nicht? Tatsächlich raten viele Camper dir dazu, deinen Frischwassertank nur bis zu einem Drittel und maximal halbvoll mit Wasser zu füllen. Je mehr Wasser du nämlich tankst, desto schwerer wird dein Fahrzeug und auch das Fahrverhalten sowie der Spritverbrauch ändern sich. Über reichlich frisches Wasser musst du dir darüber hinaus gar keine Sorgen machen, denn an jedem Campingplatz und an jeder Tankstelle hast du in der Regel die Möglichkeit, deine Wassertanks wieder aufzufüllen, sobald sie leer sind.

3. Entleere den Abwassertank regelmäßig

Dieser Tipp ist leicht nachzuvollziehen, denn, wenn du wenig Frischwasser auf Fahrten mitnehmen solltest, ist es sinnlos, den Abwassertank in vollem Zustand mitzunehmen. Entleere diesen also vor jeder Fahrt, das Gleiche gilt auch für die Toilette. Durch ein regelmäßiges Entleeren und Reinigen wird diese Tätigkeit darüber hinaus zur Routine und fällt irgendwann gar nicht mehr so schwer.

4. Sichere deine Ladung richtig!

Laut-klapperndes Geschirr oder Schubladen, die während der Fahrt auf- und zugehen, sind einfach nur nervig und lenken uns vom Straßenverkehr ab. Denke also daran, all dein Gepäck und auch alle verbauten Möbel richtig und ordentlich zu sichern. Dazu gehört auch, dass Gegenstände nicht einfach offen herum liegengelassen werden sollten. Wenn du zum Beispiel in einen Unfall unterwegs gerätst, kann es sein, dass lose Gegenstände dir vom hinteren Teil des Fahrzeugs entgegenkommen, was eine weitere Gefahrenquelle darstellt.

5. Halte regelmäßige Aufräumzeiten ein

Das Leben auf kleinem Raum kann schon einmal chaotisch werden, insbesondere dann, wenn wir doch Urlaub haben und schon gar nicht aufräumen oder putzen wollen! Gleichzeitig möchten wir aber auch nicht im Chaos versinken, denn auch dies kann keine erholsame Atmosphäre darstellen. Überlege dir stattdessen einen Zeitpunkt am Tag, an dem du einmal aufräumst und grob durchputzt. Das kann zum Beispiel morgens nach dem Frühstück sein, damit du entspannt in den Tag starten kannst, oder abends nach dem Abendessen, damit du mit gutem Gewissen ins Bett gehen kannst. Lasse die Unordnung dich nicht übermannen, denn spätestens, wenn du wieder zuhause bist, ist es an der Zeit, hier für Ordnung zu sorgen. Und das macht doch die Erholung des ganzen Urlaubes zunichte, oder nicht?

6. Packen nach dem Zwiebel-Prinzip

Das Zwiebelprinzip beschreibt ein Kleidungsstil, der aus Lagen besteht und welcher sich hervorragend für das Camping eignet. So nämlich musst du nicht 10 verschiedene Outfits und Jacken in drei Wärmestufen mitnehmen, sondern kannst stattdessen schauen, dass du wenige Kleidungselemente mitnimmst, die sich miteinander kombinieren lassen. So kannst du einfach noch eine Strickjacke überziehen, wenn es kühler wird, oder eben auch den Pullover ausziehen und im T-Shirt herumlaufen, wenn es dir zu warm wird.

7. Halte Kleingeld in der Fahrerkabine parat

Maut, Parkgebühren, WC-Kosten, Abwasserentsorgung oder die Flasche Wasser unterwegs – es lohnt sich immer, etwas Kleingeld parat zu haben.

8. Nutze nicht nur das Navi

Viele eingefleischte Camper werden dir sagen, dass du niemals deinem Navi vertrauen solltest. So solltest du immer prüfen, welche Strecke dir vorgeschlagen wird, denn mit deinem Camping-Van möchtest du natürlich die schönen Panoramastrecken und nicht über graue Autobahnen fahren. Am besten eignet sich eine Kombination aus Navi und altmodischer Karte! So kannst du dir sicher sein, die ideale Strecke gefunden zu haben, und wirst dich mit Sicherheit nicht verfahren. Auch bei technischen Schwierigkeiten bist du hier abgesichert.

9. Achte auf die Privatsphäre

Auf Campingplätzen kann es schon einmal etwas enger werden, denn hier reihen sich teilweise mehrere Parzellen aneinander. Achte also bei deiner Ankunft darauf, wie dein Nachbar sein Fahrzeug positioniert hat, und parke in genau der gleichen Position oder so, dass ihr einander am meisten Privatsphäre bieten könnt. Halte darüber hinaus auch einen respektvollen Abstand zu anderen Fahrzeugen und verhalte dich natürlich freundlich und rücksichtsvoll deinen Mitcampern gegenüber – du wirst sehen, wie schnell du mit solch einem Verhalten neue Freunde gewinnen kannst.

10. Dreckiges Geschirr nicht in der Spüle reinigen

Versuche, dein benutztes Geschirr so häufig, wie nur möglich, in einer separaten Wanne zu waschen. Der Grund dafür ist, dass Lebensmittelabfälle im Spülwasser beim Ablaufen schnell den Abfluss verstopfen, welcher in Campingküchen häufiger kleiner ist als in der Küche daheim. So einen verstopften Abfluss kann doch wirklich niemand gebrauchen – und draußen in der Sonne spült es sich ohnehin viel schöner!

11. Entsorge das Abwasser regelmäßig

Warte bei der Entsorgung deines Abwassers nicht, bis dieses anfängt zu riechen, sondern versuche, regelmäßige Zeiten einzuhalten. So fällt nicht nur die Reinigung leichter, auch die Luft in deinem Camper wird besser – und deine Nachbarn werden es dir danken!

12. Salbei gegen Mücken und Kaffee gegen Wespen

Camping in freier Natur bedeutet auch, dass die geliebten und ungeliebten Bewohner der Natur zu dir kommen können. Damit zumindest Mücken dir fernbleiben, kannst du einige Blätter Salbei verbrennen. Alternativ soll verbranntes Kaffeepulver gegen Wespen helfen – probiere es doch einfach mal aus!

13. Backmischungen mitnehmen

Du hast Lust auf Kuchen im Campingurlaub, willst aber nicht alle Zutaten dafür kaufen müssen? Dann entscheide dich doch für eine Backmischung! Hier müssen nur wenige Zutaten hinzugefügt werden und dennoch erhältst du einen schmackhaften Kuchen für das Kaffeetrinken am Nachmittag. Ähnliches kannst du auch mit Hefeteig mit Trockenhefe machen, welchen du für Stockbrot benötigst.

14.Die Klemmstange in der Dusche

Oftmals wird die Dusche im Camping-Van, sollte eine vorhanden sein, gar nicht so viel genutzt – wer duscht schon mehrere Stunden am Tag? Damit du die Dusche in der Zwischenzeit für Stauraum nutzen kannst, bietet es sich an, eine Klemmstange in diese zu klemmen und an dieser Jacken und Taschen aufzuhängen. Sollte jemand duschen wollen, kann die Klemmstange mit allen Anhängen einfach als Ganzes herausgenommen und beiseitegelegt werden.

15.Nasse Schuhe mit getragener Kleidung trocknen

Die Füße sind auf der Wanderung ganz schön nass geworden? Dann stopfe am besten bereits getragene Kleidung in die nassen Schuhe. Diese zieht die Feuchtigkeit innerhalb von einigen Stunden aus dem Schuhwerk und lässt sich im Anschluss ganz einfach trocknen oder direkt waschen. Schlau, oder?

16.Wasserschalen gegen Ameisen

Die Ameisen sind schon auf dem Weg zur süßen Marmelade auf dem Frühstückstisch? Dann befülle vier Plastikschüsseln mit Wasser und stelle je ein Tischbein in eine Plastikschüssel. Beim Frühstücken wird dich das Wasser nicht nerven, aber die Ameisen trauen sich nicht durch das kühle Nass und bleiben somit deinem Marmeladenbrot fern.

Die Angst eines jeden Campers: Stau

Der Campingplatz, zu dem du gelangen möchtest, ist nur noch eine Stunde Fahrt entfernt, aber du stehst im Stau? Das ist der Albtraum eines jeden Campers, denn auf Stau hat nun wirklich niemand Lust, insbesondere dann, wenn es doch in den langverdienten Urlaub geht! Nimm es aber locker, denn du hast keinen Stress und musst keine Termine einhalten. Versuche lieber, die Ruhe zu behalten, schalte die Musik laut ein und singe mit oder spiele ein Spiel mit deinen Mitfahrern. So vergeht auch die Zeit beim Warten während eines Staus wie von selbst. Ein weiterer Tipp in Bezug auf plötzlichen Stau, welcher durch einen Unfall verursacht wurde, ist: Versetze dich in die Person, die den Stau ausgelöst hat und nun womöglich über einen Schaden am Auto oder sogar an sich selbst klagen kann. Ungeduld und das Blockieren von Rettungsgassen führen hier nicht dazu, dass der Stau sich schneller auflöst, sondern dazu, dass die verunfallte Person noch länger auf Hilfe und du auf die Weiterfahrt warten müssen. Zeige also Mitgefühl und genieße die Gesellschaft deiner Reisebegleitung(en) – auch so ein Stau geht vorüber und am Ende des Urlaubs wirst du dich bestimmt kaum noch an diesen kleinen Stolperstein erinnern. Nachfolgend findest du darüber hinaus noch einmal die wichtigsten Grundregeln für Stau-Situationen, damit du und alle anderen Fahrer sicher und behütet am Ziel ankommen.

1. **Fahre vorausschauend:** Sobald du merkst, dass Stau aufkommen könnte, ist es sinnvoll, langsamer und aufmerksamer zu fahren. Bremse nicht plötzlich und fahre nicht zu dicht an andere Autos auf. Schalte außerdem die Warnblinkanlage an, um Autos hinter dir mitzuteilen, dass sie ebenfalls aufpassen und achtsam fahren sollen.

2. **Steige nicht aus dem Wagen:** Bei einem normalen Stau ist es verboten, aus dem Auto zu steigen, und es kostet zehn Euro Strafe. Nur bei Vollsperrungen darfst du das Fahrzeug in der Regel verlassen. Informationen darüber erhältst du zum Beispiel über das Radio oder durch die Anweisung der Polizei.

3. **Nutze nicht den Standstreifen:** Wer bei einem Stau meint, einfach auf den Standstreifen fahren zu können oder die Auffahrt gar rückwärts wieder zurückzufahren, der hat mit gehörigen Strafen zu rechnen! Nicht nur hohe Geldstrafen, sondern auch Punkte in Flensburg sind die Folgen solch unüberlegten Handlungen, welche dich und andere Reisende darüber hinaus in Gefahr bringen könnten.

4. **Bilde eine Rettungsgasse:** Eine Rettungsgasse im Stau kann Leben retten, weswegen du selbst bei Stau ohne ersichtlichen Anlass darauf achten solltest, nicht mitten auf der Straße zu fahren, sondern dich so zu positionieren, dass du einfach zur Seite ausweichen und Platz machen kannst. Rettungswagen, Feuerwehr und Polizei werden es dir danken. (Es ist übrigens inzwischen sogar strafbar, keine Rettungsgasse zu bilden, und kann hohe Geldstrafen bedeuten.)

5. **Fahre ein gleichmäßiges Tempo:** Hast du einen Stau schon einmal aus der Luft beobachtet? Wenn ja, konntest du vielleicht sehen, dass die Fahrzeuge sich immer in Wellen bewegen. Hier muss es nur ein Fahrzeug geben, welches auf freier Strecke so schnell fährt, wie es kann, und sobald der Stau sich verdichtet, wieder stark auf die Bremse treten muss. Fahre stattdessen ein gleichbleibendes, gegebenenfalls langsames, Tempo. So sparst du nicht nur Benzin, sondern auch Nerven.

6. **Wechsle die Spur nicht:** Die Spur links von dir scheint viel schneller voranzukommen als deine eigene, kannst du dann nicht einmal schnell herüberwechseln und ebenfalls weiterdüsen? Tatsächlich haben Studien gezeigt, dass es nichts bringt, ständig die Spur im Stau zu wechseln, denn dadurch verursachst du nur noch mehr Stau und sorgst dafür, dass alle später an ihrem Ziel ankommen. Bleibe also lieber auf deiner Spur und habe Geduld, der Stau wird sich bestimmt bald auflösen.

7. **Schalte das Radio ein:** Versuche, im Stau regelmäßig die Nachrichten zu hören. Im Idealfall schaltest du sogar einen Radiosender aus der Region ein.

8. **Schalte dein Fahrzeug bei Stillstand aus:** Es bewegt sich gar nichts mehr auf der Autobahn? Dann schalte bitte dein Auto aus. Auch, wenn die Klimaanlage nun nicht mehr kalte Luft ins Gesicht pustet, kannst du stattdessen die Fenster aufmachen und der Umwelt etwas Gutes tun, indem du den Camper nicht ohne Grund laufen lässt.

Besonderheiten des Wintercampings

Das Camping gilt zwar grundlegend als sommerlicher Urlaub, jedoch gewinnt, insbesondere in den letzten Jahren, das Camping in den kälteren Wintermonaten immer mehr an Beliebtheit. Die Gründe hierfür sind vielfältig, vor allem jedoch der Kontrast des bitterkalten Wetters und der Gemütlichkeit im Campingbus macht das Wintercamping zu einem ganz besonderen Erlebnis. Damit dein Campingurlaub im Winter jedoch auch genauso erholsam ist wie ein Campingurlaub im Sommer und du keine allzu kalten Füße bekommst, gibt es einige Dinge und Besonderheiten, die du beim winterlichen Urlaub mit deinem Camper beachten solltest.

Die richtigen Reifen

Damit du überhaupt heile an deinem Zielort im Schnee ankommst, ist es dringend notwendig, deinen Camping-Van mit Winterreifen zu versehen. Achte dabei unbedingt auf die Profiltiefe, denn diese sollte mindestens vier, wenn nicht sogar fünf Millimeter betragen. Abgefahrene Winterreifen sind auf glatten Straßen und im Schneegestöber eine große Gefahrenquelle. Dadurch, dass dein Campingbus auch noch um einiges größer und schwerer ist als ein gewöhnlicher PKW, solltest du außerdem Schneeketten parat haben. So kannst du dir sicher sein, in jeder Wetterlage vorwärtszukommen und nicht stecken zu bleiben. Darüber hinaus ist es empfehlenswert, deinen Campingbus vor dem eigentlichen Urlaub, wenn möglich, auf einer abgelegenen Strecke einmal Probe zu fahren. Je nachdem, in welchem Gebiet du wohnst und wie weit du vorhast, zu verreisen, kann es natürlich sein, dass die Straßenverhältnisse deutlich milder sind. Für ein besseres Fahrgefühl und eine höhere Sicherheit beim Fahren kann dir ein solches Probe-Schlittern aber auf jeden Fall helfen.

Die Ankunft auf dem Wintercampingplatz

Auch das Abstellen deines Campingbusses auf dem Campingplatz im Winter birgt einige Besonderheiten, die du dringend beachten solltest. Grundlegend wäre es ideal, einen eis- und schneefreien Stellplatz zu befahren. Dies ist jedoch selten der Fall und auch, wenn du Schaufel und Schneeschieber dabeihaben solltest – diese Utensilien sollten in einem Campingurlaub im Winter ohnehin nicht fehlen –, kann es sein, dass du dicke Eisschichten nicht entfernen kannst. Wenn du deinen Campingbus jedoch einfach auf eine Schneeschicht stellst und mit Hubstützen in Waage bringst, kann es vorkommen, dass dein Camper mit der Zeit in Schieflage gerät. Wenn nämlich der Schnee und das Eis unterm Fahrzeug durch die Wärme, die im Camper selbst generiert wird, langsam schmelzen, kann es sein, dass die Hubstützen uneben einsinken. Damit genau das nicht passiert, solltest du ausreichend große Bretter mitbringen. Diese können auf der Fahrt in der Regel platzsparend verstaut werden und dienen als ebene Unterlage für die Hubstützen deines Campers.

Darüber hinaus solltest du, sobald dein Camper steht, einen Gang einlegen und die Handbremse lösen. So vermeidest du, dass diese mit der Zeit festfriert und deinen Urlaub zwangsverlängert. Erkundige dich außerdem nach Schutzhüllen oder nutze gegebenenfalls Plastiktüten, um den Handbremshebel und auch die Auflaufeinrichtung des Campers gegen Vereisungen zu schützen. Auch das Stromkabel deines Campingbusses sollte auf jeden Fall so positioniert werden, dass es nicht eingeschneit und versehentlich von der Schippe oder dem Schneepflug beschädigt werden kann. Darüber hinaus solltest du dich informieren, ob dein Stromkabel frostsicher ist. Das ist zwar meistens der Fall, jedoch solltest du hier auf Nummer sicher gehen.

Nicht ohne mein Vorzelt!

Das Vorzelt gilt für Campingurlaube im Winter als ein „Muss". Durch das Aufstellen des Vorzeltes vermeidest du nicht nur, dass Schneeverwehungen vor deiner Türe entstehen und irgendwann ins Fahrzeuginnere gelangen, du erhältst außerdem einen Lagerplatz für Sportgeräte und kannst auch deine Kleidung darin trocknen.

Feuchtigkeit ist insbesondere in den kälteren Monaten dein größter Feind im Campingbus und kann großen Schaden anrichten. Trockne nasse Kleidung also lieber im Vorzelt und achte darauf, dass die seitlichen Belüftungsschlitze nicht zugeschneit werden. Auch die Dachluke sollte einen Spalt offengelassen werden, damit eine bessere Luftzirkulation entsteht.

Frisch- und Abwasser im Winter

Wie wir alle wissen, neigt Wasser bei Temperaturen unter null Grad Celsius dazu, zu frieren und somit nicht mehr für den alltäglichen Gebrauch verwendbar zu sein. Solange deine Wasservorräte sich im Inneren des Campingbusses befinden und dieser regelmäßig beheizt wird – hier genügt das Heizen, das du für dein Wohlbefinden benötigst –, musst du dir keine Sorgen machen, denn die Isolation des Campers sowie das gelegentliche Aufwärmen genügen, um dein Wasser nicht frieren zu lassen. Anders sieht es jedoch aus, wenn der Abwassertank sich zum Beispiel nicht isoliert und nicht beheizt unter dem Campingfahrzeug unter deinem Camper befindet. In solch einem Fall bietet es sich an, den Ablasshahn einfach zu öffnen und einen Eimer darunter zu platzieren. So läuft das Abwasser einfach direkt heraus und kann selbst im gefrorenen Zustand als Block aus dem Eimer entfernt werden. Friert das Wasser jedoch im Abwasserbehälter selbst, ist ein Entfernen nur schwer möglich und der Tank droht, zu platzen. Alternativ kannst du hier natürlich auch mit Frostschutzmittel arbeiten. Da dieses jedoch in der Regel nicht sonderlich gut für die Umwelt ist, kann das Einfrieren des Abwassers auch einfach durch andere Tricks vermieden werden.

Kann mein Campingbus einfrieren?

Camping-Vans, insbesondere die modernen Varianten, sind bestens gerüstet für einen Aufenthalt im kalten Klima. Besonders wichtig sind hierfür eine gute Isolierung des Aufbaus sowie eine Isolierverglasung und eine gute Heizung. Auf jeden Fall solltest du die Glasscheiben des Fahrerhauses nach Ankunft mit Isoliermatten abdecken, denn das Sicherheitsglas, welches in Autos verbaut wird, lässt Kälte schneller durch als zum Beispiel die Fenster in deiner Wohnung. Wenn es viel und kräftig schneit, solltest du außerdem daran denken, das Dach des Campers regelmäßig von Schnee und Eis zu befreien. Insbesondere nasser Schnee bringt ein hohes Gewicht mit sich. Handelt es sich stattdessen um eine dünne Schicht Pulverschnee, kannst du diesen getrost liegen lassen: Er hilft nämlich zusätzlich bei der Isolierung. Spätestens, wenn es wieder weitergeht, solltest du deinen Camper jedoch von oben bis unten von Schnee befreien, damit Eisplatten oder Schneefracht im Straßenverkehr nicht von deinem Dach rutschen und andere Fahrer gefährden. Es ist somit auch sinnvoll, neben Schneeschieber und -schaufel auch eine ausreichend lange Leiter einzupacken.

Welches Gas benutze ich?

Solltest du eine Gasheizung in deinem Camper verwenden, ist es vor dem Urlaub wichtig, das richtige Gas zu besorgen. So solltest du in kalten Monaten ausschließlich ein Gemisch aus Propan und Butan verwenden, welches auch bei Minusgraden gasförmig bleibt. Darüber hinaus eignet sich ein Zweiflaschensystem mit Umschaltautomatik besonders gut, um nicht unverhofft und plötzlich vor einer Gas-Flaute zu stehen. Elf Kilogramm Gas reichen dabei für ungefähr drei bis fünf Tage bei sehr kalten Temperaturen. Plane also am besten vor der Abreise, wo du weiteres Gas kaufen kannst, damit dir nicht kalt wird. Auch der Druckregler sollte im Idealfall beheizt werden. Hierfür kannst du für kleines Geld Mini-Heizungen erstehen, die sich bei zu kalten Temperaturen automatisch anschalten und erwärmen.

Mach es dir gemütlich

Die dicke Daunendecke, eine Fließdecke und am besten auch noch eine Wolldecke? Im Wintercampingurlaub kannst du gerne übertreiben und dich mit dicken Pullovern, Mützen, Schals und auch kuscheligen Decken versorgen. So kannst du auch schon mal die Sonne draußen vorm Camper genießen, ohne direkt kalte Füße zu bekommen. Denke außerdem an Fußraumisolierungen, die die Kälte unter dem Fahrzeug nicht allzu stark ins Innere ziehen lassen. Auch zusätzliche Wärmequellen, wie z. B. eine Infrarotheizung oder eine Heizdecke, sorgen für den extra Gemütlichkeitsfaktor. Ein weiterer kleiner Tipp ist: Öffne regelmäßig die Staufächer deines Campers, um aus diesen Feuchtigkeit entweichen und Wärme einströmen zu lassen. Darüber hinaus solltest du mehrmals am Tag stoßlüften, um der Bildung von Schimmel vorzubeugen. Die Zwangsbelüftung deines Campers solltest du dabei immer offenlassen, auch wenn hier etwas Kälte einzieht. Insbesondere wenn du mit Gas kochst oder heizt, besteht ansonsten die Gefahr einer Kohlenmonoxid-Vergiftung: Passe hier auf!

Die angemessene Verpflegung: Kochen auf dem Campingplatz

Im Campingurlaub gibt es kein Frühstücksbuffet und auch den Kaffee am Morgen musst du dir in der Regel selbst zubereiten. Dabei solltest du beachten, dass viele Campingplätze mitten in der Natur liegen und du vielleicht den einen oder anderen Kilometer bis zum nächsten Café oder Restaurant zurücklegen musst, um dich dort bedienen zu lassen. Damit du in deinem Urlaub mit Campingbus dennoch bestens versorgt bist und die Erholung mit leckerem Essen verstärkst, findest du in diesem Kapitel die wichtigsten Informationen, Tipps und Tricks für deine Gourmet-Campingküche! Schauen wir uns aber zunächst einmal an, welche Grundausstattung du in deiner mobilen Küche mit dabeihaben solltest.

Die Grundausstattung deiner Campingküche

Da du bei deinem Campingbus das Maximalgewicht zwingend einhalten musst und grundlegend so leicht-bepackt wie möglich fahren solltest, ist es natürlich unsinnig, auf ein umfangreiches Sortiment zu bestehen. Frage dich also immer wieder, ob du den Pizza-Schneider wirklich benötigst oder ob es das eine Mal auch genügt, die Pizza mit einem gewöhnlichen Messer zu zerteilen. Auch Weingläser oder ähnliche Dinge sind im Campingurlaub nicht dringend nötig, denn der Wein schmeckt schließlich aus einem normalen Glas genauso gut – und schick müssen wir auf dem Campingplatz ohnehin nicht sein. Es bietet sich darüber hinaus an, insbesondere dann, wenn du einen eigenen Camper besitzt, eine Grundausstattung für die Küche zu kaufen, damit du nicht vor jedem Urlaub deine eigene Küche halb leer- und umräumen musst. Jene Grundausstattung kannst du dir auch günstig auf dem Trödelmarkt besorgen oder woanders gebraucht erstehen. Denke zum Beispiel auch an deinen Camper, wenn du dir einen neuen Satz Kochtöpfe kaufst: Die aussortierten

Utensilien können automatisch in dem Camper einziehen und dort auf ihren nächsten Einsatz warten.

Das sollte in der Grundausstattung deiner Campingküche nicht fehlen:

o Ein Topf-Set: Ein Set aus bis zu drei verschieden großen Töpfen, welche sich am besten platzsparend ineinander stellen lassen und wenig Gewicht mit sich bringen, eignet sich hervorragend für deine Küche im Camper.

o Ein Wasserkessel (mit Flöte): Mal eben schnell Wasser für den Kaffee heiß machen oder eine Tütensuppe aufgießen? Hierfür benötigst du kochendes Wasser. Insbesondere, wenn du mit Gas kochst, lohnt sich hier ein kleiner Wasserkessel, der dich durch sein Piepen auf die Temperatur des Wassers aufmerksam macht. Alternativ tut es natürlich auch ein gewöhnlicher Wasserkocher.

o Eine große Pfanne: Auch, wenn sie nicht unbedingt platzsparend ist, sollte eine große Pfanne niemals fehlen. Idealerweise hat diese Pfanne einen hohen Rand und ist aus Gusseisen gefertigt, so kannst du sie auch in der Glut des Lagerfeuers verwenden.

o Eine French-Press-Kaffeekanne: Eine große Kaffeemaschine und Filter mitnehmen sorgt im Campingbus nur für Platzmangel. Entscheide dich stattdessen lieber für eine French-Press-Kaffeekanne. Mit heißem Wasser und gemahlenen Kaffee hast du hier im Handumdrehen leckeren Kaffee – ohne Filter-Abfall.

o Dosenöffner, Korkenzieher und Flaschenöffner: Dass der Dosenöffner fehlt, merken wir oft erst, wenn es zu spät ist. Investiere also am besten in ein Multi-Tool, welches mindestens diese drei Utensilien beinhaltet.

o Thermoskanne mit Trinkaufsatz: Für den Kaffee auf der Wanderung oder beim Nachbarn ist es immer sinnvoll, eine kleine bis mittelgroße Thermoskanne mit dabei zu haben.

o Einen Pfannenwender: Am besten aus Edelstahl, damit du ihn draußen wie auch drinnen verwenden kannst.

o Ein Feuerzeug: Wer nicht raucht, läuft schon mal Gefahr, das Feuerzeug zuhause liegen zu lassen. Denke jedoch an dieses und nimm im Idealfall ein Schwanenhals-Feuerzeug mit, welches du auch für das Anzünden des Grills nutzen kannst.

o Schneidebrett und Messerset: Frische Kräuter für das Rührei oder die Tomate für das Brot lassen sich am besten mit scharfen Messern und einem Schneidebrett zerkleinern. Am besten ist das Messersetz in eine Stofftasche eingewickelt, so kann hier nichts passieren.

o Grillbesteck: Das Grillen darf beim Camping natürlich nicht fehlen! Denke also an geeignetes Grillbesteck.

o Zwei leichte Schüsseln für Salate oder ähnliches

o Besteck und Geschirr für die Anzahl der Personen: Spüle lieber einmal mehr, als viel zu viel Besteck und Geschirr mitzunehmen und so hinterher Berge an schmutzigen Tellern und Gabeln im Camper herumstehen zu haben. Ein Set an Teller, Tasse und Glas, Schüssel sowie Besteck genügt pro Person.

Schlaue Gadgets für die Campingküche

Eine Pfanne, einen Kochtopf, ein kleiner Gaskocher, etwas Geschirr und Besteck und einen Kaffeekocher wirst du wahrscheinlich immer auf Reisen dabeihaben. Bereits diese wenigen Dinge genügen im Prinzip, um jegliche Gerichte herzustellen. Sollte dein Camper sogar über einen kleinen Ofen verfügen, kannst du fast kochen wie daheim. Darüber hinaus gibt es jedoch einige schlaue Utensilien und Tricks, mithilfe derer du deine Campingbegleitung begeistern und deine Nachbarn auf dem Stellplatz nebenan vielleicht sogar etwas neidisch machen kannst.

Dutch Oven

Bei einem Dutch Oven handelt es sich nicht um einen Ofen, sondern um einen kleinen Topf aus Gusseisen mit Deckel. Diesen Topf kannst du direkt in die Glut stellen und, sobald der Deckel verschlossen ist, von oben mit weiterer Glut bedecken. So gelingen in solch einem Dutch Oven leckere Eintöpfe, Suppen oder sogar selbstgebackenes Brot. Einfacher geht es hier nicht und du kannst im Freien, ganz ohne Strom, kochen.

Stockbrot-Stöcke

Hierbei handelt es sich zwar nicht um moderne Gadgets, jedoch schmeckt so ein Stockbrot doch einfach am besten, wenn wir es frisch über der Glut gegart haben. Denke dafür an ausreichend lange und stabile Stöcke, auf welche du dein Brot aufrollen kannst.

Tic-Tac-Gewürz-Boxen

Deine vielen Gewürze dürfen auf Reisen auf keinen Fall fehlen? Dann sammle vor deinem Urlaub einige Plastikbehälter von zum Beispiel Kaugummis oder Tic-Tacs. Diese kannst du nach dem Leeren ausspülen, trocknen und mit deinen Lieblingsgewürzen füllen. So musst du keine großen Behältnisse oder Tüten mit in den Urlaub nehmen und kannst Oregano, Chili und Co. platzsparend organisieren.

Frittierzange

Kennst du die kleinen Teesiebe, welche wie Zangen den losen Tee umschließen? Ein ähnliches Produkt gibt es in einer Nummer größer und wird in der Regel Frittierzange genannt. Eine solche Frittierzange kannst du hervorragend nutzen, um Lagerfeuer-Popcorn herzustellen. Gib dafür einfach den Popcornmais in die Zange und halte diese so lange über das Feuer, bis die Maiskörner aufpoppen. Achte nur darauf, dich nicht zu verbrennen.

Zerlegbarer Campinggrill

Wenn der Grill nicht fehlen darf, in deinem Camper aber zu viel Platz einnimmt, kannst du in einen zerlegbaren Campinggrill investieren. Einen solchen Grill kannst du platzsparend auseinanderbauen und aufgebaut sogar über dem Lagerfeuer positionieren.

Camping-Toaster

Wenn das Toastbrot am Morgen nicht fehlen darf, du aber keinen großen Toaster mitnehmen möchtest, kannst du einen minimalistischen Camping-Toaster verwenden. Dieser besteht aus einer runden Metallplatte, welche Halterungen für vier Toasts besitzt, die sich auf- und zuklappen lassen. Dieser Camping-Toaster funktioniert ausschließlich auf dem Gasherd oder Campingkocher, denn du musst die runde Platte mit dem Toast auf die Gasherdplatte stellen, um deinen Toast knusprig zu bekommen.

Kühlbox

Wer keinen integrierten Kühlschrank besitzt und das Fleisch fürs Grillen nach dem Supermarkteinkauf nicht für mehrere Stunden in der warmen Sonne stehen lassen möchte (hiervon ist grundlegend abzuraten), sollte in eine Kühlbox investieren. Es gibt thermoelektrische Kühlboxen, die an das Auto angeschlossen werden können, oder Kühlboxen, die mithilfe von Akkus und Isolation die kühlere Temperatur halten können.

Tassen-Mess-Set

Wusstest du, dass in vielen Ländern beim Kochen gar nicht mit der Waage abgewogen wird? Stattdessen wird ein System aus „Cups", also Tassen, verwendet. So gibt es, insbesondere englischsprachige, Rezepte, die ausschließlich Cups als Messwert verwenden. Dadurch musst du keine Waage in deine Küche einplanen. Auf dem Tassen-Mess-Set stehen übrigens auch Gramm-Angaben, die aber gegebenenfalls, je nach Zutat, umgerechnet werden müssen. Entsprechende Tabellen findest du online oder bei der Verpackung eines solchen Sets.

Die wichtigsten Zutaten für jeden Camper

Unabhängig davon, ob du vor Antritt deiner Reise einkaufen gehst oder erst, wenn du vor Ort angekommen bist – wir erinnern an das Gewicht des Campers, welches so leicht wie möglich bleiben sollte – solltest du eine gewisse Grundausstattung an Vorräten in deiner Campingküche parat haben. Mit dieser ist es dir immer möglich, einfache Gerichte herzustellen, wenn der Hunger einmal zu groß wird. Und mit frischen Zutaten kombiniert, lassen sich Mahlzeiten kochen wie daheim in der Küche.

Diese Lebensmittel sollten immer die Grundausstattung deiner Campingküche ausmachen:

o Trockene Grundlebensmittel: Reis, Pasta, Couscous und ähnliches

o Müsli oder Haferflocken

o Tee, Kaffee, Kakao

o Mehl und Zucker

o Öl und Essig

o Gewürze (am besten in kleinen Plastikbehältern)

o Konserven: Mais, gehackte Tomaten, Oliven oder Bohnen

o Nach Belieben: Dosengerichte oder Tütensuppen, wenn es mal schnell gehen soll

Rezepte für deinen Camping-Urlaub

Auf unserem Campingtrip möchten wir natürlich nicht stunden-lang in der Küche stehen, denn ein aufwändiges Kochen in der kleinen Küche im Campingbus macht nicht immer viel Spaß. Ein Insider-Tipp ist übrigens: Brate Fleisch niemals im Campingbus an, sondern immer draußen auf dem Grill. Ansonsten kannst du schnell mit unangenehmen Gerüchen im Bett, in der Kleidung und in den Sitzpolstern rechnen.

Nachfolgend findest du eine kleine Auswahl an leckeren Rezepten, die sich besonders gut für das Camping eignen und dir den Urlaub voller Freiheit auch noch lecker gestalten. Hier soll es sich in erster Linie nicht um ein Kochbuch handeln, sondern vielmehr um Inspiration. Am besten schmeckt es doch immer noch, wenn du mit saisonalen und regionalen Zutaten kochen kannst – werde also kreativ und versüße dir den Urlaub mit leckeren Gerichten, die schnell und einfach zubereitet sind.

Frühstück für Gewinner

Camping-Omelette

Für zwei Personen

Zutaten:

- 125 g Cherrytomaten
- 4 Eier
- 100 ml Milch
- 1 EL Öl
- Salz und Pfeffer
- Frische Kräuter

Zubereitung:

1. Wasche die Tomaten und schneide sie in Viertel.
2. Gib die Eier in eine Schüssel und verquirle sie mit der Milch.
3. Würze die Ei-Masse mit Salz und Pfeffer sowie kleingehackten Kräutern.
4. Erhitze das Öl in einer Pfanne und gib die Ei-Masse hinein.
5. Lasse das Ei auf niedriger Hitzestufe stocken und gib die Tomaten hinüber.
6. Klappe die flache Ei-Masse einmal um und gare sie von beiden Seiten für einige Minuten.

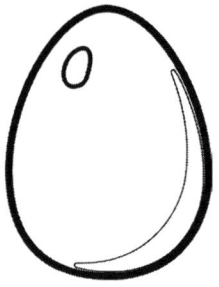

Deftige Frühstückspfanne

Für zwei Personen

Zutaten:

- 4 Kirschtomaten
- 1 Brötchen
- 4 Scheiben Bacon
- 4 kleine Bratwürste
- 4 Eier
- Salz und Pfeffer

Zubereitung:

1. Wasche die Tomaten und halbiere sie.
2. Schneide das Brötchen in dünne Scheiben und röste es in einer Pfanne ohne die Zugabe von Öl an.
3. Nimm das Brötchen aus der Pfanne und brate die Bacon-Scheiben nun in dieser an.
4. Gib die Würstchen hinzu und brate das Fleisch für fünf Minuten unter Wenden an.
5. Verquirle die Eier in einer Schüssel und würze sie mit Salz und Pfeffer. Gib sie über Bacon und Würstchen und belege es mit den Tomaten und dem gerösteten Brötchen.
6. Decke die Pfanne zu und lasse das Ei zehn Minuten lang auf mittlerer Hitzestufe stocken.

Beeren-Müsli

Für zwei Personen

Zutaten:

- 200 g Müsli nach Belieben
- 200 g Naturjoghurt
- 100 g frische Beeren

Zubereitung:

1. Verteile das Müsli auf zwei Schalen und gib den Joghurt gleichmäßig hinüber.
2. Reinige die Beeren und verteile diese ebenfalls auf dem Müsli.
3. Anstatt der Beeren kannst du natürlich saisonales Obst oder dein Lieblingsobst sowie zusätzlich Kerne und Nüsse verwenden.

Pancakes ohne Ei

Für zwei Personen

Zutaten:

- 150 g Mehl
- ½ Pck. Backpulver
- 3 EL Zucker
- 1 Packung Vanillezucker
- ½ TL Salz
- 1 Tasse Milch
- 5 EL Rapsöl
- Ahornsirup
- 1 Handvoll Erdbeeren

Zubereitung:

1. Vermenge Mehl, Backpulver Zucker, Vanillezucker und Salz in einer Schüssel.
2. Gib nun die Milch sowie das Rapsöl hinzu und verrühre alles zu einem glatten Teig.
3. Backe diesen Teig in einer beschichteten Pfanne portionsweise aus, bis die Pancakes von beiden Seiten goldbraun sind.
4. Wasche die Erdbeeren und schneide sie klein.
5. Garniere die Pancakes mit Ahornsirup sowie den Erdbeeren.

Rezepte für den Grill

Rucola-Nudelsalat

Für zwei Personen

Zutaten:

- 250 g Pasta
- 1 Handvoll Kirschtomaten
- 1 Glas getrocknete Tomaten in Öl
- 1 Packung Rucola
- 1 Glas Oliven
- 1 Packung Pinienkerne
- 50 ml Aceto Balsam
- 100 ml Olivennöl
- Salz und Pfeffer

Zubereitung:

1. Koche die Nudeln nach Angaben der Verpackung und lasse sie anschließend abtropfen und erkalten.
2. Wasche die Kirschtomaten und schneide sie in Viertel.
3. Nimm die getrockneten Tomaten aus dem Glas und schneide sie in dünne Streifen.
4. Wasche den Rucola und röste die Pinienkerne in einer Pfanne ohne die Zugabe von Öl an.
5. Gib nun die Nudeln, die Tomaten, die getrockneten Tomaten, den Rucola, die abgetropften Oliven sowie die Pinienkerne in eine große Schüssel.
6. Rühre aus 50 ml des Öls der getrockneten Tomaten, dem Olivenöl sowie dem Aceto Balsamico ein Dressing an und gib dieses über den Salat.

Kartoffel-Gurken-Salat

Für zwei Personen

Zutaten:

- 300 g mehligkochende Kartoffeln
- ½ Zwiebel
- ½ TL Gemüsebrühe
- 125 g Gewürzgurken
- 75 g saure Sahne
- 75 g Salatmayonnaise
- ½ TL Zucker
- ½ Bund Schnittlauch
- Salz und Pfeffer

Zubereitung:

1. Schäle die Kartoffeln und koche sie, bis sie gar sind. Lasse sie anschließend erkalten, schneide sie in Scheiben und gib diese in eine Salatschüssel.
2. Schäle die Zwiebel und schneide sie in feine Würfel.
3. Gieße die Gewürzgurken ab und schneide sie ebenfalls klein.
4. Vermenge in einer Schüssel die saure Sahne mit der Salat-mayonnaise, dem Zucker sowie dem gehackten Schnittlauch. Würze mit Salz und Pfeffer.
5. Gib nun die Zwiebel und die Gewürzgurken sowie das Dressing zu den Tomaten und vermenge alle Zutaten miteinander.

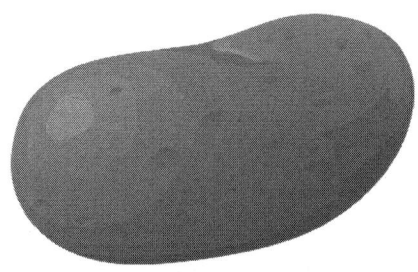

Gefüllte Champignons vom Grill

Für zwei Personen

Zutaten:

- 1 Packung große Champignons
- ½ Packung Kräuterfrischkäse
- 50 g Parmesan

Zubereitung:

1. Putze die Champignons und entferne die Stiele.
2. Lege die Pilze nun mit der Öffnung nach oben auf einen Teller und befülle sie mit dem Kräuterfrischkäse. Bestreue sie außerdem mit einer Prise Parmesan.
3. Grille die Champignons auf dem Grill, bis sie gar sind.

Grill-Fladenbrot

Für zwei Personen

Zutaten:

- 250 g Mehl
- ½ Pck. Trockenhefe
- 125 ml lauwarmes Wasser
- 1 Prise Salz
- 1 EL Gewürze nach Wahl

Zubereitung:

1. Vermenge alle Zutaten miteinander und verknete sie, bis ein glatter Teig entsteht.
2. Lasse den Teig abgedeckt eine Stunde lang an einem warmen Ort gehen.
3. Forme nun kleine Fladenbrote aus dem Teig und grille diese auf dem Grillrost, bis sie knusprig und aufgegangen sind.

Gegrillte Tomate mit Feta

Für zwei Personen

Zutaten:

- 2 Fleischtomaten
- 1 Packung Feta
- 1 Knoblauchzehe
- 1 Zweig Rosmarin
- 1 TL Öl
- Salz und Pfeffer

Zubereitung:

1. Bastle dir aus Alufolie kleine rechteckige Förmchen.
2. Bepinsle diese Förmchen mit dem Öl.
3. Schneide Tomaten und Feta in dünne Scheiben und lege diese dachziegelartig in die Alufolien-Förmchen.
4. Schäle den Knoblauch und presse diesen in eine kleine Schüssel. Wasche den Rosmarinzweig und hacke die Nadeln klein. Vermenge den Knoblauch mit etwas Öl, dem Rosmarin sowie Salz und Pfeffer in der Schüssel und pinsle die Masse anschließend über die Tomaten und den Feta.
5. Lege die Förmchen auf den Grill und gare das Gericht für zehn bis 15 Minuten.

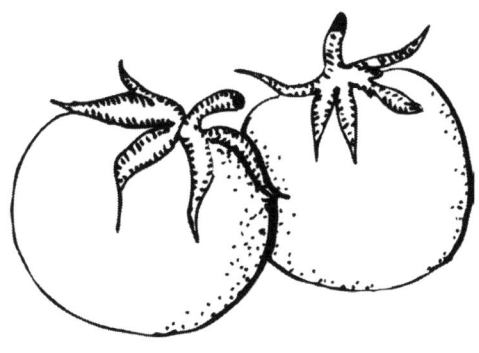

Gegrillte Speck-Kartoffeln

Für zwei Personen

Zutaten:

- 600 g kleine Kartoffeln (Drillinge)
- 125 g Bacon
- 8 EL Ketchup
- 1 TL Currypulver
- 1 TL Worcestershiresauce
- 1 Prise Pfeffer
- 1 Prise Cayennepfeffer
- 1 Msp. Meersalz

Zubereitung:

1. Wasche die Kartoffeln und gare sie mit Schale in kochendem Wasser für 15 Minuten.
2. Gieße die Kartoffeln anschließend ab und lasse sie abkühlen.
3. Verrühre den Ketchup mit den Gewürzen und der Sauce und schneide die Baconscheiben in Längsstreifen.
4. Umwickle die Kartoffeln mit den Speckscheiben und fixiere diese mit Zahnstochern.
5. Bestreiche die Kartoffeln nun mit der angerührten Soße und grille sie für ungefähr fünf bis acht Minuten.

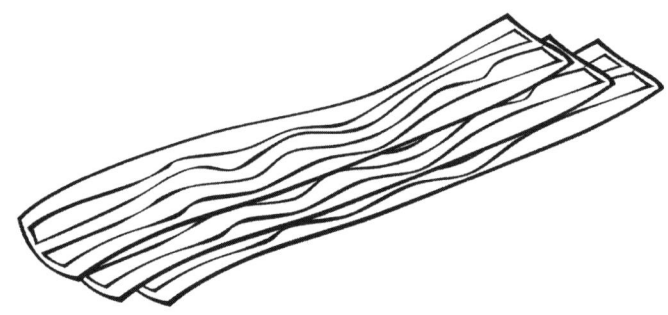

Schnelle und einfache Gerichte aus dem Topf und der Pfanne

One Pot Pasta

Für zwei Personen

Zutaten:

- 3 Champignons
- ¼ Stange Porree
- 1/2 Zucchini
- 75 g Kirschtomaten
- ½ Knoblauchzehe
- 50 g Bacon
- 250 g Pasta
- ½ Liter Gemüsebrühe
- 1 EL Olivenöl
- 5 g Parmesan
- 1 Handvoll Basilikum
- Salz und Pfeffer

Zubereitung:

1. Wasche das Gemüse und schneide es in mundgerechte Stücke.
2. Gib nun den Bacon und das Öl in einen großen Kochtopf und brate den Bacon so lange an, bis dieser knusprig ist.
3. Gib nun alle anderen Zutaten (bis auf den Parmesan) hinzu und erhitze den Inhalt des Kochtopfes so lange, bis dieser köchelt.
4. Lasse den One-Pot zehn bis 15 Minuten lang köcheln und gib gegebenenfalls weiteres Wasser hinzu.
5. Reibe den Parmesan und garniere mit diesem das Gericht.

Krabben-Röstbrot

Für zwei Personen

Zutaten:

- ½ Zwiebel
- ½ Knoblauchzehe
- ½ Zucchini
- 2 EL Öl
- 2 Scheiben Bauernbrot
- 1 EL Weißweinessig
- 40 g Remoulade
- 75 g Nordseekrabben
- 2 Stiele Basilikum
- Salz und Pfeffer

Zubereitung:

1. Schäle Zwiebel und Knoblauch und hacke beides fein.
2. Wasche die Zucchini, halbiere sie längst und schneide sie in dünne Scheiben.
3. Erhitze einen Esslöffel des Öls in einer großen Pfanne und röste darin das Brot von beiden Seiten an. Nimm es anschließend aus der Pfanne und lege es beiseite.
4. Gib das restliche Öl in die Pfanne und brate darin Zwiebel und Knoblauch an.
5. Gib nun die Zucchini hinzu und brate diese zwei bis drei Minuten ebenfalls mit an.
6. Lösche die Pfanne mit dem Weißweinessig ab und würze mit Salz und Pfeffer.
7. Bestreiche das Brot mit der Remoulade und belege es mit den gebratenen Zucchini und den Krabben. Garniere mit Basilikum.

Hähnchen-Eintopf mit Baked Beans

Für zwei Personen

Zutaten:

- 1 Zwiebel
- 1 Knoblauchzehe
- 1 rote Paprikaschote
- ½ Staudensellerie (200 g)
- 300 g Hähnchenbrustfilet
- 2 EL Olivenöl
- 125 ml Apfelschaumwein (Cider)
- 1 Dose Baked Beans
- ½ Dose stückige Tomaten
- ½ Packung passierte Tomaten
- ½ TL Salz
- Paprikapulver

Zubereitung:

1. Schäle Zwiebel und Knoblauch und hacke beides fein.
2. Wasche die Paprika, entferne die Kerne und schneide das Gemüse in grobe Würfel.
3. Putze die Staudensellerie und schneide sie in Scheiben.
4. Wasche das Hähnchenbrustfilet und schneide es in mundgerechte Stücke.
5. Verrühre das Salz mit einer Prise Paprikapulver sowie einem Esslöffel des Öls und mariniere das Fleisch einige Minuten lang darin.
6. Erhitze das restliche Öl in einem großen Topf und brate die Hähnchenstücke darin von allen Seiten an.
7. Gib nun Zwiebel, Paprika, Knoblauch und Sellerie hinzu und brate weitere fünf Minuten.
8. Lösche nun mit dem Apfelschaumwein ab und gib die Baked Beans, die stückigen sowie die passierten Tomaten hinzu. Lasse den Eintopf zehn Minuten lang köcheln.
9. Schmecke mit Salz, Pfeffer und nach Belieben einer Prise Zucker ab und serviere den Eintopf mit Fladenbrot oder iss ihn pur.

Aufgemotzte Gemüse-Ravioli

Für zwei Personen

Zutaten:

- 1 Dose Ravioli in Tomatensoße
- 1 kleine Paprikaschote
- 1 kleine Zucchini
- 50 g schwarze Oliven in Ringen
- 1 EL Olivenöl
- 50 g Parmesan
- Oregano, Salz und Pfeffer

Zubereitung:

1. Wasche Paprika und Zucchini, entferne das Kerngehäuse der Paprika und schneide beide Zutaten in kleine Stücke.
2. Erhitze das Öl in einem Kochtopf und brate das Gemüse darin drei Minuten lang an. Bestreue es anschließend mit einer ordentlichen Prise Oregano.
3. Gib nun die Ravioli mitsamt der Soße sowie die Oliven hinzu und erhitze alle Zutaten unter Rühren.
4. Schmecke mit Salz und Pfeffer ab und garniere das Gericht mit Parmesan.

Linsenchili

Für zwei Personen

Zutaten:

- 1 rote Paprikaschote
- 1 Möhre
- 1 Zwiebel
- 1 Knoblauchzehe
- 1 rote Chilischote
- 1 EL Olivenöl
- 50 g rote Linsen
- 1 Prise Curry
- 1 Dose stückige Tomaten
- 1 Dose Kichererbsen
- 1 Dose Kidneybohnen
- Salz, Pfeffer, Zucker

Zubereitung:

1. Wasche Paprika und Möhre und schneide beides in kleine Stücke.
2. Schäle Zwiebel und Knoblauch und hacke beides fein.
3. Putze die Chilischote und hacke sie ebenfalls in kleine Stücke.
4. Erhitze das Öl in einem Topf und dünste darin zunächst Zwiebel und Knoblauch sowie Chili an. Gib anschließend die Paprika und Möhre hinzu und dünste alles zwei Minuten an.
5. Gib die Linsen und das Curry hinzu und lösche anschließend mit 200 ml Wasser ab.
6. Füge nun die stückigen Tomaten hinzu und lasse alle Zutaten 15 Minuten lang köcheln.
7. Gib anschließend die Kidneybohnen und Kichererbsen unter das Chili und würze mit Salz, Pfeffer und einer Prise Zucker.

One-Pot-Gnocchi mit Garnelen

Für zwei Personen

Zutaten:

- 200 g Garnelen (tiefgekühlt)
- ½ Zucchini
- ½ Aubergine
- 1 Knoblauchzehe
- 1 rote Chilischote
- 2 EL Öl
- 250 g Gnocchi (aus dem Kühlregal)
- ½ Dose stückige Tomaten
- ½ EL flüssiger Honig
- 50 g Blattspinat
- Salz, Pfeffer, Paprikapulver

Zubereitung:

1. Lasse die Garnelen auftauen (du kannst sie zum Beispiel morgens kaufen und im Verlaufe des Tages auftauen lassen).
2. Putze Zucchini und Aubergine und schneide beides in kleine Würfel. Hacke die Chilischote klein. Schäle den Knoblauch und schneide ihn ebenfalls klein.
3. Erhitze das Öl in einem Topf und brate darin die Gnocchi drei Minuten unter Wenden an.
4. Wasche die Garnelen und tupfe sie trocken und brate sie ebenfalls in dem Kochtopf für drei Minuten an.
5. Gib den Knoblauch sowie die Chilischote hinzu brate die Zutaten kurz mit an. Nimm anschließend alle Zutaten aus der Pfanne und lege sie beiseite.
6. Brate nun das Gemüse im restlichen Öl in der Pfanne und gib die Tomaten sowie 150 ml Wasser hinzu. Würze mit Salz, Pfeffer, Paprikagewürz sowie Honig und lasse die Soße kurz aufkochen.
7. Rühre nun den Spinat ein und lasse ihn zusammenfallen. Gib anschließend die restlichen Zutaten wieder in den Topf.

Snacks für Zwischendurch

Strammer Max

Für zwei Personen

Zutaten:

- 2 Scheiben Vollkornbrot
- 2 Eier
- 2 Scheiben Salami
- 2 Scheiben Käse
- 1 EL Öl

Zubereitung:

1. Erhitze das Öl in einer Pfanne und brate die Salamischeiben kurz von beiden Seiten an.
2. Gib nun die Eier über die Salami und lasse sie einige Minuten lang stocken.
3. Lege anschließend den Käse auf das Ei und lasse diesen bei geschlossenem Deckel schmelzen.
4. Lege die Ei-Salami-Käse-Masse auf die Brote und genieße diese sofort.

Tomate-Mozzarella-Spieße

Für zwei Personen

Zutaten:

- 1 Handvoll Kirschtomaten
- 1 Packung kleine Mozzarella-Kugeln
- Einige Blätter Basilikum
- Olivenöl
- Aceto Balsamico

Zubereitung:

1. Wasche die Tomaten und spieße sie auf Zahnstocher auf.
2. Nimm nun den Mozzarella aus der Packung und lasse ihn abtropfen. Spieße je ein Mozzarella-Kügelchen auf eine Tomate.
3. Wasche die Basilikum-Blätter und gib diese auf den Mozzarella obendrauf.
4. Garniere die Spieße mit Olivenöl sowie Aceto Balsamico-Essig.

Schinken-Wrap mit Frischkäse

Für zwei Personen

Zutaten:

- 2 Wraps
- 50 g Kräuterfrischkäse
- 3 Scheiben Kochschinken
- 2 Handvoll Kopfsalat
- Salz und Pfeffer

Zubereitung:

1. Bestreiche die Wraps mit dem Frischkäse.
2. Zerreiße den Kochschinken in dünne Streifen und gib diese gleichmäßig auf die Wraps.

3. Wasche den Kopfsalat und schneide ihn in Streifen. Gib ihn ebenfalls auf die Wraps und würze nach Belieben mit Salz und Pfeffer.
4. Rolle die Wraps ein und schneide sie in Streifen.

Buscetta

Für zwei Personen

Zutaten:

- 1 Baguette
- 4 Tomaten (groß)
- Nach Belieben: Mozzarella oder Oliven
- 1 EL Olivenöl
- Salz und Pfeffer
- Frische Basilikumblätter

Zubereitung:

1. Schneide das Baguette in Scheiben.
2. Wasche die Tomate, entferne den Strunk und schneide sie in Würfel.
3. Würfle ebenfalls den Mozzarella oder die Oliven, solltest du diese Zutaten verwenden.
4. Gib das Olivenöl sowie die frischen Basilikumblätter zu den Tomaten und würze mit Salz und Pfeffer. Rühre den Tomaten-salat gut um und belege mit ihm die Baguettescheiben.

Leckerer Nachtisch

Brownies aus der Pfanne

Für zwei Personen

Zutaten:

- 90 g Mehl
- 110 g Zucker
- 50 g Kakaopulver
- 25 g Eigelbpulver (optional)
- ¼ TL Salz
- ¼ TL Backpulver
- 1 Pck. Vanillezucker
- 50 g Schokolade
- 110 g Butter oder Sonnenblumenöl
- 80 ml Wasser oder 2 Eier

Zubereitung:

1. Hacke die Schokolade grob klein.
2. Gib alle trockenen Zutaten in eine Schüssel und vermenge sie mit Wasser oder Eiern sowie Butter oder Öl. Rühe so lange, bis ein glatter Teig entsteht.
3. Rühre nun die gehackte Schokolade unter und gib den Teig in eine eingefettete Pfanne.
4. Decke die Pfanne mit einem Deckel oder etwas Alufolie ab und gare die Brownies auf niedrigster Hitzestufe deines Herds für 20 bis 30 Minuten.

Gegrillter Pfirsich

Für zwei Personen

Zutaten:

- 100 g Amarettini-Kekse
- 50 g Butter
- 1 EL Öl
- 2 Pfirsiche

Zubereitung:

1. Halbiere die Pfirsiche und entferne die Kerne.
2. Gib die Amarettini in einen Gefrierbeutel und zerkleinere sie mithilfe eines Nudelholzes oder einer Flasche.
3. Verknete die Keks-Brösel schnell mit der Butter.
4. Bestreiche vier Stücke Alufolie mit dem Öl und lege die Pfirsichhälften auf je ein Stück Alufolie.
5. Befülle die Pfirsiche mit der Keks-Butter-Masse und hülle sie in der Alufolie ein.
6. Lege die Päckchen auf den Grill und backe diese ungefähr zehn Minuten lang auf diesem.

Schokoladen-Banane vom Grill

Für zwei Personen

Zutaten:

- 2 Bananen
- ½ Tafel Vollmilchschokolade

Zubereitung:

1. Schneide die Bananen an einer Seite längst auf. Die Schale musst du nicht entfernen.
2. Öffne die Spalte und lege Schokoladenstücke in diese.
3. Lege die Bananen mit der Öffnung nach oben auf den Grill und backe sie für einige Minuten, bis die Schale schwarz wird und die Schokolade schmilzt.
4. Löffle die Schokoladen-Banane einfach aus der Schale oder serviere sie mit Vanilleeis.

Obstsalat

Für zwei Personen

Zutaten:

- 1 Apfel
- 1 Banane
- 1 Birne
- 1 Handvoll Trauben
- 1 Orange
- 1 Handvoll Walnüsse

Zubereitung:

1. Wasche Birne und Apfel sowie die Weintrauben. Schneide die Birne und den Apfel in kleine Stücke und halbiere die Weintrauben.
2. Schäle die Banane und die Orange und schneide beide Zutaten ebenfalls klein.
3. Hacke die Walnüsse klein.
4. Vermenge alle Zutaten in einer Schüssel zu einem leckeren und erfrischenden Obstsalat.

S'mores

Für zwei Personen

Zutaten:

- Marshmallows
- Kleine Schokoladentafeln
- Graham Cracker Kekse (oder Vollkornkekse)

Zubereitung:

1. Röste die Marshmallows am Stock über dem Lagerfeuer, bis sie goldbraun werden.
2. Gib nun die Schokolade auf einen Keks, lege den warmen Marshmallow auf diese und belege den Marshmallow wiederum mit einem zweiten Keks.
3. Drücke beide Kekse zusammen und genieße dein Marshmallow-Sandwich.

Wunderschöne Reiseziele

Du hast nach dem Lesen dieses Buches in deinen Händen immer noch keine Idee, wohin dein nächster Campingurlaub gehen soll? Kein Problem, denn nachfolgend findest du die zehn beliebtesten Reiseziele für Campingbegeisterte. Lass dich einfach inspirieren – und schon läuft die Planung deines nächsten Urlaubs mit Campingbus wie von selbst!

Platz 1: Istrien

Wenn du noch nie von der kleinen kroatischen Insel Istrien gehört hast, dann wird es endlich Zeit, denn bei dieser Location handelt es sich um den Geheimtipp unter Campern. Auch, wenn der Weg hierhin ein weniger weiter ist, liegt die Insel von allen kleinen kroatischen Inseln am nächsten an Deutschland. So beträgt die Fahrtzeit von München aus ungefähr sechs Stunden, das geht doch noch, oder? Das sommerliche Klima, kristallklares Meer und feine Sandstrände sind das Nonplusultra in Kombination mit hübschen und bezahlbaren Campingplätzen. Auch die Hafenstädte Novigrad, Vrsar oder Rovinj haben einen ganz besonderen Charme und eignen sich hervorragend für kleinere Tagestouren. Besonders praktisch ist auf der Insel Istrien, dass die Bewohner bereits auf deutschsprachige Touristen eingestellt sind.

Platz 2: Der Gardasee

Seit Jahrzehnten lockt der Gardasee Touristen an, denn das milde Klima und das erfrischende Kühl des Sees machen einen wunderbaren Badeurlaub aus. Dadurch, dass der Gardasee zwischen Bergen liegt, stehen insbesondere Abenteurerurlaubern alle Möglichkeiten offen. In den wunderschönen Orten Limone, Riva del Garda oder Malcesine kann außerdem gebummelt oder der eine oder andere Espresso getrunken werden – was will man mehr vom Urlaub?

Platz 3: Dalmatien

Erneut kann Kroatien mit der dalmatischen Küste punkten und stellt das drittbeliebteste Ziel der Campingurlauber dar. Die südliche Region Kroatiens lockt nicht nur durch schöne Nationalparks, sondern auch mit historischen Städten und idyllischen Meerblicken. Ob Bade- oder Wanderurlaub oder sogar die Stadttouren – in dieser Region ist alles möglich!

Platz 4: Venetien

Zwischen den Dolomiten und Venedig liegt Venetien, eine norditalienische Küstenregion, die ein wunderschönes Urlaubsziel darstellt. Auch das Wintercamping ist hier gut möglich, denn in Cortina d'Ampezzo werden internationale Skirennen ausgetragen. Auch Touristen können hier die schneebehangenen Berge genießen. Auch die Nähe zu Venedig macht die Location zu einem besonderen Ort für Campingurlauber, denn Tagestrips in diese historische Stadt lassen sich leicht planen und durchführen. Wenn von den Städtetrips die Füße wehtun, kann der Urlauber sich anschließend am Sandstrand entspannen – hier erwarten dich Erholung und Abwechslung pur.

Platz 5: Oberbayern

Das südliche Oberbayern im Allgäu stellt den fünften Platz der beliebtesten Camping-Locations dar. Einerseits bietet die Bergwelt große Vielfalt für Sportbegeisterte, Wanderer und auch Skifahrer. Andererseits lockt der Chiemsee, der Tegernsee oder der Forggensee im Sommer mit Campingplätzen direkt an den Ufern des Wassers. Auch die Schlösser Neuschwanstein oder Hohenschwangau in Füssen bieten Abwechslung durch Tagestrips.

Platz 6: Katalonien

Auch die spanische Region Katalonien ist ein beliebtes Ziel für Campingurlauber. Allein die Reise entlang der Costa Brave und Costa Daurada verspricht Panorama-Blicke und Vorfreude aufs Ankommen. Darüber hinaus lassen sich hier viele Campingplätze in Meeresnähe finden, wodurch du es nicht weit ins kühle Nass hast. Auch Tagestrips, zum Beispiel nach Barcelona, sind hier möglich und bringen Abwechslung in den Campingalltag.

Platz 7: Südtirol

Südtirol finden wir im Norden Italiens. Dadurch erreichen wir diese Region sehr schnell und unkompliziert. Südtirol gilt rund ums Jahr als ein tolles Reiseziel, denn viele Campingplätze sind hier das ganze Jahr über geöffnet. Durch die Berge, welche im Frühling und Herbst ein Paradies für Wanderer und im Winter ideal für Skifahrer sind, eignet dieser Ort sich besonders gut für Sportbegeisterte. Auch Städtetrips sind hier möglich, zum Beispiel zu der Stadt Meran oder Bozen. Auch im Sommer sorgen mehrere kleine Seen für die richtige Abkühlung. Darüber hinaus finden sich in Südtirol viele Campingplätze, die sogar mit Pools ausgestattet sind – hier fehlt es dem Campingurlauber an nichts.

Platz 8: Schleswig-Holstein

Wer sagt, dass es immer weit weg gehen muss, um Urlaub zu machen? Das Bundesland zwischen zwei Meeren, wie Schleswig-Holstein auch genannt wird, lockt viele Campingurlauber mit angenehmen Temperaturen, der Nord- sowie der Ostsee und vielen Möglichkeiten für Tagestrips nach Sylt oder auch St. Peter-Ording. Insbesondere Wassersportler haben hier ihren Spaß beim Kite- und Windsurfen.

Platz 9: Die französische Atlantikküste

Die überaus wilde Atlantikküste im Westen von Frankreich bietet nicht nur Surfern, sondern auch vielen Campern eine Urlaubsheimat. Zwischen Wäldern, zerklüfteten Küsten und wunderschönen Sandstränden finden wir die perfekte Urlaubskulisse. Kleine Fischereidörfer bieten Abwechslung durch Tagestrips oder die Möglichkeit, frisch-gefangenen Fisch zu essen. In Frankreich wurden übrigens im Jahr 2017 die meisten Freizeitfahrzeuge in Europa verkauft – kein Wunder also, dass es hier eine große Auswahl an Campingplätzen gibt!

Platz 10: Die Toskana

Die Toskana ist weitaus mehr als nur der berühmte Schiefe Turm von Pisa. Insbesondere Badeurlauber kommen hier auf ihre Kosten – und das unter anderem an der Etruskischen Riviera. Kilometerlange Sand- und Kiesstrände lassen dich ins Urlaubs-Feeling finden und auch Städtetrips bieten hier eine tolle Abwechslung. Ein wirkliches Highlight ist dabei die Insel Elba. Diese liegt ungefähr zehn Kilometer vom Festland entfernt und kann mit der Fähre erreicht werden. Auch Wanderer kommen hier auf ihre Kosten: Vom Gipfel des Monte Capanne hast du den besten Blick über die Insel!

Schlusswort

Hat es dieser Ratgeber geschafft, das Image, welches du vielleicht vom Camping in deinem Kopf hattest, zu verändern? Camping ist viel mehr als ein billiger und schneller Urlaub. Das Verreisen mit Campingbus verspricht nicht nur eine Menge Freiheit und Flexibilität, sondern einen Urlaub, der genau auf deine Bedürfnisse angepasst ist.

Der Grund, wieso viele Menschen sich noch nicht „trauen", in einen Campingurlaub zu fahren, ist häufig das fehlende Wissen. Mit welchem Gefährt soll ich am besten los und wie viele kleine Dinge gibt es vor der Reise in den Campingurlaub zu beachten? Dieser Ratgeber hat dir hoffentlich alle Fragen und Zweifel zum Thema Camping nehmen können, denn auch, wenn die Organisation des Campingurlaubes nicht immer innerhalb von einer Stunde abgeschlossen ist, wie wir es vielleicht von der Buchung eines Pauschalurlaubes gewohnt sind, handelt es sich beim Urlaub mit eigenem oder gemietetem Campingbus dennoch um eine unkomplizierte und kreative Art des Reisens. Hier bist du nicht an Grenzen oder Zeiten gebunden und kannst in den Tag starten, so wie du möchtest.

Solltest du jemals schlechte Erfahrungen mit dem Camping gemacht haben, dann lass dir gesagt sein, dass jeder zukünftige Campingurlaub nur noch besser werden kann. Die größte Fehlerquelle beim Camping ist nämlich die mangelnde Erfahrung. Je häufiger du also den Camping-Van belädst und je mehr Tipps und Tricks du dir aus diesem Buch angeeignet hast, desto perfekter wird der nächste Urlaub mit Camper in Deutschland oder auch im Ausland! Nun hast du auch die Möglichkeit, deine Freunde oder Familienmitglieder für diese besondere Art des Urlaubs zu begeistern – erzähle ihnen von deinen wunderschönen Erlebnissen, zeige Fotos oder verschenke ganz einfach diesen Ratgeber, denn, wenn er dich vom Camping begeistert hat, kann er garantiert auch dabei helfen, viele neue Gleichgesinnte in deinem Umfeld zu kreieren, mit denen du auch gemeinsam in den nächsten Campingurlaub fahren kannst.

Viel Spaß beim Lernen, Recherchieren, Planen und Ausprobieren der vielen Tipps, Tricks und Rezepte aus diesem Camping-Ratgeber und eine erholsame und schöne Zeit im nächsten Urlaub mit Campingbus!